THÈSE POUR LA LICENCE.

DES

VOIES DE RECOURS

PAR

FRANÇOIS LENORMANT,

Né à Paris le 17 janvier 1837.

PARIS,

A. DURAND, LIBRAIRE-ÉDITEUR,

RUE DES GRÈS, 5.

1857

DES

VOIES DE RECOURS.

Imprimerie de BEAU, à Saint-Germain-en-Laye.

THÈSE POUR LA LICENCE.

DES

VOIES DE RECOURS

PAR

FRANÇOIS LENORMANT,

Né à Paris le 7 janvier 1837.

PARIS,

A. DURAND, LIBRAIRE-ÉDITEUR,

RUE DES GRÈS, 5.

1857

MEIS

INTRODUCTION.

●━━━●

I.

On a beaucoup écrit sur les voies de recours et en particulier sur la plus importante de toutes, sur l'appel. Les principes de ce droit, ses causes, ses inconvénients, ses avantages, les modifications et les améliorations qu'il est susceptible de recevoir, tout cela a déjà été discuté par des hommes de la plus haute autorité. Montesquieu, Bentham, Sclopis, Henrion de Pansey, Boncenne, Boitard, les auteurs de l'Exposé des motifs de la loi de Genève, ont défendu le principe de la réformation des jugements, attaqué dès les temps romains par Ulpien et depuis par quelques-uns des jurisconsultes modernes, entre autres par M. Bé-

1

renger, de la Drôme, dans les *Mémoires de l'Acadé-mie des Sciences morales et politiques*. Tous les arguments pour et contre viennent récemment d'être exposés avec talent par un jeune avocat d'Évreux, M. Raymond Bordeaux, dans un mémoire sur la *Réformation de la justice* que l'Institut a jugé digne d'une de ses couronnes. Le travail de M. Bordeaux est encore inédit et ne verra le jour qu'environ à la même époque que cette thèse. Mais nous avons dû à l'obligeance de son auteur communication de toute la partie qui nous intéressait, et nous avons pu en faire notre profit. M. Bordeaux réfute victorieusement les arguments des adversaires de l'appel et en particulier ceux de M. Bérenger. Nous n'aurions donc eu rien de mieux à faire que de nous borner presque à le citer, si nous avions voulu recommencer ici la discussion. Mais il nous a semblé que certains arguments pour la défense de l'appel avaient été négligés; que peut-être on s'était trop occupé des objections et des difficultés de la pratique, et pas assez des raisons de droit naturel, et du rapport de la théorie des appels avec les règles générales de la philosophie du droit et de la politique; qu'on n'avait peut-être pas pris la question dans cet ordre d'idées sous un point de vue assez élevé. Sous ce rapport, il nous a semblé qu'il y avait peut-être quelque chose de nouveau à dire en exposant la théorie philosophique des voies de recours, et qu'on pouvait encore présenter la question sous un aspect assez neuf. C'est ce que nous tâcherons de faire aussi rapidement que possible comme introduction à notre thèse, dans laquelle nous retracerons ensuite, dans deux parties différentes, l'histoire et l'état actuel de la pratique des recours. Quant aux modifications à apporter dans cette pratique, et surtout pour ce qui est d'en restreindre l'usage aux cas où elle est vraiment nécessaire, nous ne nous en occuperons pas ; il nous suffira de renvoyer aux ouvrages de Bentham et de M. Bordeaux.

II.

L'autorité de la chose jugée, la stabilité et le respect de la sentence du magistrat, sont des conditions essentielles de toute société bien organisée. C'est la garantie du bon ordre dans l'État, de la sécurité dans les familles et dans les transactions privées. Sans cela, les lois n'ont plus de force, ce ne sont plus que de vains mots, objets du mépris et de la risée publique. Le pouvoir du magistrat,

l'autorité du juge sont donc une des bases indispen-
sables de la société, une de celles dont la destruction entraînerait la ruine complète de l'édifice.
Mais il faut que les décisions de l'homme investi
de ce pouvoir fassent loi entre les parties qui ont
eu recours à son jugement, que la question reste
définitivement tranchée par sa parole et qu'on ne
puisse plus revenir à la contester et à la discuter.
Autrement l'autorité du magistrat n'est qu'illusoire,
et il devient bientôt comme le soliveau de la fable.

Cependant, le magistrat est homme, et, comme
tel, il est sujet à l'erreur. Il y a même plus, il n'est
pas à l'abri des passions qui peuvent égarer son
jugement; et, soit erreur, soit malveillance, sa
sentence peut être contraire à l'équité et au bon
droit. Il importe au bien de la justice, à la sécurité
de toute la société, qu'une sentence ainsi vicieuse
n'ait pas une autorité immuable et qu'on puisse
la rappeler à ce qu'elle devait être. Car, tous
sont intéressés à la solution des procès, à la décision qui les termine. L'État, pour être légitime,
n'a pas d'intérêt différent de celui de la société.
« Oui, dit M. Bordeaux, il importe à l'État que
» telle partie, plutôt que son adversaire, obtienne
» l'objet qui lui est contesté, car rien n'importe
» plus à l'État que le respect de la propriété, que

» le maintien du droit de chacun. *Suum cuique,*
» voilà ce que l'État doit vouloir avant tout, voilà
» à quoi il ne doit pas être indifférent.

> » Nil injustitia miseræ est infestius urbi.
> » Funditus hæc muros vertit, et ipsa domos [1]. »

Certaines législations n'accordent aucun moyen
de remédier à l'erreur ou à l'injustice du juge; sa
sentence est immuable, et, bonne ou mauvaise,
elle est l'ordre du plus fort; nulle autorité supérieure ne peut la réformer. C'est ainsi que, dans
les pays musulmans, la sentence du Cadi est toujours définitive et sans aucune espèce de recours.
Probablement cet état de choses est l'idéal des
adversaires de l'appel [2], mais on sait quel ef-
froyable désordre en résulte dans la société. La
fortune, l'état des familles sont livrés au caprice et
à l'arbitraire d'un juge unique, souvent partial,
ignorant ou corrompu. De là, mépris profond et
discrédit pour la justice à laquelle chacun cherche

[1] Verinus, *ap.* Ayrault, *Sententiæ aliquot quibus bene judicandi studium judicibus commendatur.*

[2] « N'admettez, au contraire, dit M. Bérenger, qu'un seul tribunal,
» souverain dans ses arrêts, la justice redevient ce qu'elle doit être, ce
» qu'elle était jadis; elle est la vérité légale, elle est la certitude : l'au-
» torité de ses décisions demeure entière, car nul ne peut la contester,
» et, avec le temps, les esprits s'habituent à la respecter et à s'y sou-
» mettre. »

à se soustraire en trouvant des ruses pour éluder l'observation de ses décisions absolues et souveraines. De là surtout cette idée funeste à la morale publique, que le juge est une personne essentiellement vénale, et que l'habileté consiste à le gagner à prix d'argent.

III.

Deux principes également importants, nécessaires, conservateurs, sont donc en face l'un de l'autre : le principe de la fixité et de la sécurité dans les jugements, et le principe de la possibilité et du besoin de réparation de l'erreur ou de la partialité du juge. Mais ces deux principes, en apparence opposés, sont-ils véritablement aussi contraires qu'ils le semblent au premier abord?

La vérité de la chose jugée n'est pas une vérité absolue. *Res judicata pro veritate habetur*, telle est l'ancienne maxime du droit [1]. Ce n'est qu'une vérité relative, une probabilité plus ou moins grande, une présomption *juris et de jure*, pour me servir des vieux termes, mais seulement une pré-

---

[1] V. là-dessus Toullier, *Droit civil français*, T. X, n⁰ˢ 65 sqq

somption. Il importe donc pour fortifier cette présomption, pour lui donner plus d'autorité, d'arriver à ce que la sentence soit aussi près que possible de la vérité absolue; à ce qu'elle présente plus de garanties de science, d'équité, d'impartialité, de certitude. Et quel meilleur moyen d'atteindre ce résultat que d'admettre la possibilité de corriger l'erreur ou la prévarication du premier juge? que de faire reviser sa décision par une autorité supérieure plus impartiale et plus éclairée ?

L'institution de l'appel est donc un complément nécessaire, destiné à donner plus de force au pouvoir judiciaire, plus d'autorité à la sentence des magistrats. Moins il y a de chances d'erreur, plus la justice est respectée, plus chacun est disposé à se soumettre à ses arrêts. La possibilité de réformation, loin de porter atteinte au principe de la stabilité et de la sécurité dans les jugements, en est plutôt une confirmation et une garantie ; loin de déconsidérer, comme on l'a prétendu, la magistrature, elle donne plus de confiance et de déférence aux parties.

« Sans doute, la magistrature inférieure serait » déconsidérée, si toutes ses sentences étaient brisées par le juge supérieur; mais cette déconsidé-

» ration même serait alors un bienfait en forçant
» le magistrat, exposé à ces perpétuels démentis, de
» mieux juger ou de descendre d'un siége qu'il
» serait incapable d'occuper. En réalité, très-peu
» d'appels amènent une nouvelle décision. La ma-
» jorité des jugements rendus en premier ressort,
» sont confirmés par les juges supérieurs : beaucoup
» par les mêmes motifs. Bien loin d'être déconsidéré
» par quelques décisions infirmées, le juge n'est-il
» pas rehaussé au contraire par la majorité de ses
» jugeménts maintenus ? Son infaillibilité est ren-
» due en quelque sorte plus certaine, lorsque son
» avis est corroboré par l'opinion d'hommes plus
» élevés [1]. »

Ainsi, au lieu de se combattre, les deux principes dont nous avons reconnu la nécessité se confirment plutôt et se complètent. L'un est la garantie
de l'autre. De leur combinaison ressortent clairement l'utilité et la légitimité absolue du droit
d'appel, contenu dans de justes limites, afin que
ce qui est un bienfait et une garantie pour les
particuliers, ne devienne pas une source de mal
et de désordre. Réglé quant à sa durée et au
nombre des degrés, l'appel est le corollaire de

[1] Raymond Bordeaux, p. 308.

tout ordre judiciaire perfectionné et bien constitué. Il « n'apparaît dans les législations qu'à une
» époque de civilisation déjà avancée. Il est in-
» connu aux temps où la violence tient encore
» une large place dans la décision des procès [1]. »
« Les peuples modernes, ainsi que le reconnais-
» sent eux-mêmes les adversaires de l'appel [2], ont
» admis, en quelque sorte de concert, que l'obli-
» gation de parcourir plusieurs degrés de juridic-
» tion était une condition essentielle à la bonne
» administration de la justice. » La république de
Genève, célèbre par ses réformes en matière judiciaire, a conservé l'usage de l'appel, et bien
qu'elle n'eût qu'un seul tribunal de première instance et un seul tribunal de commerce dans son
territoire, ses législateurs modernes n'ont pas hésité à placer au-dessus de ces deux tribunaux une
cour supérieure de justice.

En présence de ces principes de philosophie, et
de cet assentiment unanime de tous les peuples
chez qui la science du droit est parvenue à un
haut degré de perfection et de progrès, nous
n'hésitons pas à dire hautement avec Bentham :

[1] Raymond Bordeaux, p. 295.
[2] Mémoires de M. Bérenger, dans les *Mém. de l'Acad. des sciences
mor. et polit.*, t. I, 2ᵉ série, p. 412.

« Considérer une cour d'appel comme simple-
» ment utile, ce n'est point s'en faire une assez
» haute idée; elle est d'une nécessité absolue.
» La publicité est une sauvegarde puissante, la
» responsabilité est un frein salutaire; mais ces
» deux garanties ne suffisent point sans l'appel
» qui en est le complément indispensable [1]. »

Nous ajouterons même avec lui qu'en principe
l'appel doit être admis dans toutes les causes, jusqu'à ce qu'on puisse en indiquer une qui ne puisse
pas donner naissance à l'erreur ou fournir des motifs de prévarication. « Dès qu'il y a possibilité de
» méprise ou d'injustice dans chaque cause, il faut
» laisser à chaque cause un moyen de redresse-
» ment. » C'est la conséquence naturelle et logique
des bases mêmes du droit d'appel, et le droit canonique l'a toujours admis. En théorie, on ne peut
hésiter sur ce point ni douter de ce principe conforme aux obligations de la législation chrétienne,
favorable aux pauvres parce qu'ils n'agitent dans
leurs procès que de minces intérêts qui pour eux
sont de la plus haute importance, capital enfin en
ce qu'il place l'appréciation du droit au point de
vue de la justice absolue plutôt qu'à celui de l'ar-

---

[1] Bentham, *De l'organisation judiciaire*, trad. Et. Dumont, p. 189.

gent et de l'intérêt matériel. Il est vrai que dans la pratique aujourd'hui l'application complète et sans restrictions de ce principe a de graves inconvé-nients. « La faculté d'appeler, ouverte dans toutes » les affaires, alimente l'esprit de chicane, perpé-» tue les procès et ruine les plaideurs[1]. » Aussi toutes les législations qui admettent l'appel ont-elles dû fixer un certain taux au-dessous duquel les causes ne doivent pas parcourir plus d'un degré de juridiction. Ce n'est pas parce que la loi considère ces affaires comme moins importantes qu'elle en défend l'appel, mais parce qu'elle veut éviter que les frais dans lesquels les parties se laisseraient entraîner ne consument et au delà le capital mis en question.

Mais une réforme des frais de justice serait un bienfait que réclame la société moderne et en particulier notre législation française. Notre code de procédure est encore chargé de mille formalités coûteuses et inutiles qu'un intérêt fiscal a seul fait maintenir. C'est une lèpre qui annule en partie les avantages de notre législation civile et dont le remède est ardemment désiré. Une fois les frais judiciaires diminués, réduits à un taux juste

[1] Raymond Bordeaux, p. 296.

et raisonnable, on n'aura plus la crainte de leur voir absorber un capital modique; et le pauvre, grâce à cette réforme et à l'institution de l'assistance judiciaire, pourra, aussi bien que le riche, jouir du bénéfice de l'appel dans des affaires qui, si leur taux est bien minime, sont plus importantes pour lui que des milliers de francs pour celui qui jouit d'une grande fortune. La fixation d'un taux pour les appels est dans l'état actuel une bonne chose. Mais cette dérogation de la pratique à la théorie ne peut être que transitoire et devra disparaître avec la réforme que nous appelons de nos vœux.

IV.

Voici maintenant la plus forte objection, la seule philosophique, des adversaires de l'appel. C'est celle que proposait déjà Ulpien[1], et que M. Bérenger a renouvelée en ces termes : « Ce qui est » digne de méditation, c'est que l'incertitude du » bien jugé que nous considérions tout à l'heure

---

[1] L. 1, D, *De app.* : *Neque enim utique melius pronuntiat, qui novissimus sententias laturus est.*

» comme une conséquence naturelle de la faiblesse
» humaine, c'est la législation elle-même qui la
» consacre par l'établissement des deux degrés de
» juridiction. » Rien ne permet plus de reconnaître quel est le bon jugement des deux et pourquoi le second est présumé meilleur que le premier.

« Où je trouve, répond M. Bordeaux [1], les plus
» fortes présomptions de *bien jugé* des affaires,
» c'est dans un débat plus complet, soutenu par
» des avocats plus capables et vidé par des magis-
» trats plus éclairés. Les probabilités comme la
» certitude sont assurément le fruit de la science,
» et dans l'espèce c'est la science du droit qui les
» fournit. L'autorité de la chose jugée dans les
» esprits repose, non sur l'idée du hasard ou du
» plus ou moins grand nombre de votants, mais
» sur celle du savoir ou de l'expérience des juges...
» Si rien ne permet de reconnaître la bonne jus-
» tice, on peut espérer cependant de la rencontrer
» plutôt devant des juges éclairés que devant des
» juges ignorants. Or, il ne faut pas se dissimuler,
» et c'est là l'opinion générale, qu'un tribunal de
» première instance réunit plus de lumières qu'un
» simple juge de paix, et qu'une cour d'appel pré-

[1] P. 305.

» sente plus de garanties de savoir qu'un tribunal
» d'arrondissement. Si cette hiérarchie dans le sa-
» voir n'était pas l'accompagnement de la hiérar-
» chie de juridiction, il faudrait s'en prendre, non
» à l'institution, mais au pouvoir qui nomme. Nier
» les lumières supérieures des cours, ce serait
» commettre une injustice flagrante envers ces
» grands corps de justice dont les arrêts sont
» justement respectés dans la jurisprudence. Je
» n'ai pas ici à nommer certaines cours dont le
» nom seul réveille une idée de haute capacité. Je
» ferai remarquer seulement que si on refusait aux
» cours d'appel une supériorité de savoir, il fau-
» drait bientôt refuser cette supériorité à la cour
» de cassation elle-même. Si rien ne fournit la
» preuve du bien jugé dans les arrêts de cours
» impériales, qui la fournira dans les arrêts de la
» cour suprême? et pourtant on ne propose pas
» d'enlever aux justiciables le recours à l'autorité
» de cette cour régulatrice. »

Nous partageons pleinement toutes les opinions
exposées dans ce passage et nous pensons tout à
fait comme M. Bordeaux. Cependant il nous semble qu'ici le savant avocat d'Évreux eût peut-être
pu s'élever dans une région un peu plus haute et,
cherchant dans un ordre d'idées supérieur ses ar-

guments, en tirer de presque identiques des principes généraux de philosophie qui régissent la hiérarchie judiciaire et l'institution même de la justice.

Plus le juge est élevé au-dessus des intérêts et des passions humaines, plus il est équitable et impartial. Plus sa situation est haute et dominante, moins il est sujet aux erreurs et à la partialité qui sont le partage des hommes. C'est cette idée philosophique que Dante a exprimée d'une manière profondément originale dans son traité *de la Monarchie* [1].

« Plus le juste est puissant, plus sá justice sera
» grande dans ses œuvres. De ce principe se tire
» l'argument suivant : La justice la meilleure dans
» ce monde est celle qui est entre les mains du plus
» puissant et de celui qui a la meilleure volonte;
» le monarque répond seul à ces conditions : donc
» la meilleure justice dans le monde est celle qui
» appartient au seul monarque..... Otez la cupi-
» dité, rien ne s'oppose plus à la justice : aussi le
» Philosophe a-t-il dit que ce que la loi peut dé-
» terminer ne doit en aucune façon être laissé à la
» décision du juge. Et cela doit se faire par crainte
» de cette cupidité qui détourne si facilement les

[1] *De monarchia*, l. 1 ; *Opp.*, t. IV, p. 17, ed. Venet. 1758.

» hommes de leurs devoirs. Là donc où il n'y a
» rien à désirer, là il est impossible qu'il y ait de
» cupidité : en effet, les objets détruits, les pas-
» sions ne peuvent plus exister. Mais le monarque
» n'a rien à souhaiter : car sa juridiction ne s'ar-
» rête qu'à l'Océan. C'est là ce qui le distingue des
» autres princes dont le pouvoir s'arrête aux li-
» mites des États de leurs voisins, le roi de Castille,
» par exemple, ou le roi d'Aragon. D'où résulte
» que le monarque est entre les hommes celui qui
» peut rendre la justice la plus exacte et la plus
» sûre. En outre, comme la passion, quelque peu
» forte qu'elle soit, obscurcit toujours la justice
» dans son exercice habituel : de même la charité
» ou l'amour juste et bien réglé, l'excite et l'éclair-
» cit. Ainsi celui en qui peut être cet amour du
» bien est celui qui présente les garanties de la
» meilleure justice. Tel est le monarque. Donc
» sous lui la justice est, ou peut être la meil-
» leure..... Et voici comment je prouve que c'est
» dans le monarque que doit être le meilleur
» amour pour les hommes. Plus l'objet de l'amour
» est près de celui qui aime, plus l'amour est ar-
» dent : or les hommes sont plus rapprochés du
» monarque que des autres princes. Donc c'est lui
» qui les aime le plus ou doit le plus les aimer. »

Dante ici, sous le nom du *Monarque*, parle de l'Empereur, qui devient pour lui un idéal de puissance universelle et absolue, de supériorité sur tous les autres princes. C'est l'exagération du principe sur lequel nous nous appuyons, mais cette exagération même en rend l'expression plus frappante.

En tout cas, ce principe présenté par Dante sous une forme, pour ainsi dire, utopique, n'en est pas moins certain. Et c'est pour cela que l'État monarchique est le seul où la hiérarchie judiciaire et la théorie des recours puissent se développer d'une manière régulière et logique. Là seulement on peut remonter à un pouvoir supérieur assez élevé au-dessus des hommes pour être insensible à leurs passions. Dans la forme républicaine, au contraire, il faut toujours en revenir à l'appel au peuple, que ce soit à l'oligarchie ou à l'ochlocratie, et dès lors où sont les garanties d'équité, d'impartialité, de science, qui doivent se trouver dans l'autorité à laquelle on recourt? Le maintien du droit d'appel dans notre constitution républicaine de 1848 était donc une anomalie, une inconséquence commandée par la force des choses, comme celle qui mettait à côté de l'Assemblée souveraine un président investi d'une partie des prérogatives de la monarchie française, entre autres du droit de grâce.

C'est donc un vœu tout à fait logique et en concordance avec le reste de leurs opinions, que celui qu'a émis la jeune école démocratique par la plume d'un écrivain de talent, M. Ferdinand Jacques. Cet ardent partisan des idées républicaines s'est occupé, en 1848, dans la Revue de droit français et étranger, de l'*Organisation démocratique de l'ordre judiciaire*. Il n'hésite pas à proposer la suppression immédiate de l'appel comme un de ces progrès, qui, préparés par la révolution de 1789, devaient être effectués par celle de 1848. Nous espérons ne voir jamais réaliser ce vœu dont l'accomplissement supprimerait une des plus précieuses garanties de la bonne justice, mais nous devons reconnaître qu'il est pleinement logique, et beaucoup moins anormal que le moyen terme adopté en 1790 par l'Assemblée constituante qui admettait l'appel, mais entre les tribunaux du même ordre; supprimant ainsi la hiérarchie judiciaire, fondement et garantie du droit de recours.

V.

Si le souverain était toujours comme le Monarque de Dante, ce serait à lui-même personnellement que devrait appartenir la justice, ce serait à lui à l'exercer, comme le grand poëte du xive siècle le représente. Mais, dans le fait, la théorie monarchique ne s'applique jamais d'une manière aussi absolue. Le souverain n'a pas cette plénitude de pouvoir que Dante prête à son Monarque. D'ailleurs, il est homme, et comme tel encore susceptible de passions. Il peut être partie dans une affaire, et l'intérêt de l'ordre politique peut se trouver en opposition avec celui de la justice absolue. En outre, le Monarque ne peut pas à lui seul soutenir tout à fait le poids de la justice suprême. Les forces et le temps d'un homme n'y suffiraient point, et il a d'autres soins dans l'État.

De là le principe de la délégation du pouvoir judiciaire entre les mains des magistrats.

Le souverain remet cette autorité qu'il n'exerce pas, à des hommes qu'il choisit instruits et éclairés, et qu'il élève dans l'ordre de la justice aussi haut qu'il est lui-même au-dessus des intérêts et des passions de la foule. Ces hommes, investis désormais de la juridiction suprême, sont plusieurs, car plusieurs en se consultant et en discutant entre eux ont plus de chance d'arriver à la vérité qu'un seul. Ils jugent avec l'équité et l'impartialité du Monarque de Dante. Mais en même temps ils sont entièrement indépendants de l'ordre politique. L'État peut être devant eux engagé dans un procès, ils ne voient en lui qu'une partie, et le jugent d'après les mêmes règles et la même mesure que les particuliers. Aussi la liberté des magistrats est-elle pour les plaideurs une garantie essentielle qui s'ajoute à celles de la situation supérieure et de la science. Et si l'institution de l'appel ne trouve sa place d'une manière logique que dans la monarchie, elle ne peut atteindre sa perfection, et présenter la réunion complète de tous ses avantages, que dans une royauté tempérée et bien réglée par des lois libérales et respectées.

VI.

Mais, objecteront les adversaires de l'appel, nous voulons bien admettre ce que vous dites; cependant pourquoi maintenir l'appel et le double degré de juridiction? Vous venez de reconnaître la nécessité de la délégation du pouvoir judiciaire à la magistrature; pourquoi supposer des tribunaux de deux ordres, et ne pas admettre la délégation pleine et entière dès les premiers tribunaux immédiats qui sont pour vous des tribunaux de première instance?

Nous avons déjà donné plus haut les raisons qui, indépendamment du principe fondamental de la hiérarchie, nous font admettre la nécessité d'un double degré de juridiction, et de la possibilité de réformation des jugements. Quant à l'objection même que nous venons de rapporter en peu de mots, nous y répondrons avec M. Bordeaux : « Parce que les tribunaux de premier degré sont trop nombreux, et parce qu'il serait impossible de les composer de magistrats choisis, » puisqu'au-dessous d'eux il n'y a pas de corps » de magistrature où l'on puisse faire ce choix. »

Ajoutons encore ici quelques considérations d'ordre général. Le pouvoir judiciaire est un : en quelques mains qu'il se trouve, il émane de la même autorité. Mais, de même que le souverain est obligé de déléguer son droit de justice à des hommes qu'il investit de la fonction de juger et qu'il élève au plus haut sommet de l'ordre judiciaire; de même, pour éviter à ses sujets des déplacements coûteux et qui feraient perdre un temps souvent bien précieux; pour obtenir une connaissance plus exacte des affaires qui ont souvent besoin d'être étudiées de près, sur les lieux mêmes; pour rapprocher, en un mot, la justice des parties, il doit déléguer une portion de ce pouvoir à d'autres tribunaux, inférieurs parce qu'ils sont plus nombreux et qu'on est obligé de choisir des hommes probablement moins instruits et moins éclairés; tribunaux dont les sentences dans les cas importants sont revisées par les cours supérieures. Mais « les tribunaux » de premier degré ont encore des lumières suffi- » santes pour la majorité des affaires; ils servent à » déblayer, par une sorte d'élimination, les causes » de peu d'importance, qui sont les plus nom- » breuses. »

VII.

Jusqu'ici nous n'avons parlé que de l'appel et de la réformation par une cour supérieure des jugements d'un tribunal inférieur. Cette cour supérieure est elle-même composée d'hommes et n'est pas plus infaillible qu'aucune institution humaine. Mais, nous l'avons déjà dit, la vérité de la chose jugée n'est qu'une vérité relative, une présomption ; et le besoin de fixité dans les jugements exige qu'on s'arrête, après avoir franchi deux degrés, devant l'autorité qui présente le plus de garantie de *bien jugé*.

Cependant il est des cas où l'intérêt du bon ordre et de la justice exige que l'erreur de la cour supérieure soit réparée. C'est le cas où elle a été trompée par une fraude dévoilée depuis : ainsi quand il y a eu dol manifeste d'une des parties, détention de pièces décisives, ou exhibition de pièces fausses sur lesquelles a été rendu le jugement. Il importe alors à la société que la fraude et la mauvaise foi ne demeurent pas triomphantes, et qu'un jugement fondé sur une base aussi vicieuse ne conserve pas sa force et son effet. Mais il n'y a pas d'autorité supérieure à celle de la cour, qui puisse réformer sa sentence ; c'est donc à elle même qu'on doit demander, pour maintenir son honneur et le respect de ses décisions, de rétracter le jugement entaché d'une erreur manifeste. Telle est la voie de la *requête civile*.

VIII.

Reste enfin une dernière hypothèse; le cas où le juge ne s'est pas trompé, ou n'a pas été trompé, mais où il y a prévarication personnelle de sa part. Dans ce cas, c'est au juge lui-même qu'il faut s'attaquer, il doit être responsable du dommage qu'il cause par sa faute et en doit réparation. C'est la *prise à partie*.

La *prise à partie* est une forme de recours bien naturelle à l'homme. C'est elle que nous trouvons dans les législations où la violence tient une grande place dans la décision des procès. Nous la rencontrons dans le droit germanique et aux débuts du droit moderne. « La faculté d'appeler est alors une » satisfaction donnée à la partie irritée et convain- » cue de l'erreur, de l'impéritie ou même de la par- » tialité de ses juges. Appeler, c'est déclarer que le » jugement est mauvais; et au début de son insti- » tution, l'appel a un caractère d'outrage contre » le juge, qui d'abord se trouvait obligé de soutenir » lui-même sa sentence. »

Restreinte dans de justes limites, la prise à partie est une ressource utile et presque indispensable.

Mais il n'en est pas de même quand elle est la seule voie de recours. C'est un moyen irrespectueux et qui porte atteinte à la considération de la justice, à la stabilité et à l'obéissance aux jugements. Il faut donc le restreindre autant que possible aux cas où il est absolument nécessaire.

A part même cette raison du respect des tribunaux, la prise à partie seule, sans appel, serait bien insuffisante pour réparer le tort que peuvent causer des jugements erronés ou vicieux. Ici nous laissons parler Bentham.

« La responsabilité, quelque étendue qu'on lui » donne, soit au criminel, soit au civil, est égale- » ment insuffisante par elle-même, séparée de la » voie de l'appel. D'abord elle est nulle par rap- » port aux erreurs innocentes du juge : car, qu'un » juge fût responsable pour de simples erreurs de » jugement, c'est-à-dire, après tout, pour avoir eu, » sur une cause, une opinion différente de celle » d'un juge supérieur, qui voudrait se charger d'un » emploi si dangereux? qui voudrait s'exposer à » être puni pour avoir manqué de science ou de » talent?

» Mais à supposer même des intentions peu in- » nocentes, la responsabilité est un moyen bien in- » suffisant et bien précaire. Elles sont innombra-

» bles les occasions où un juge peut faire du mal,
» et beaucoup de mal, sans que les injustices lais-
» sent après elles des traces assez marquées pour
» être susceptibles de preuves, de ces preuve assez
» fortes pour amener le châtiment du coupable ; et
» dans combien de cas faudrait-il laisser la mauvaise
» foi impunie, par la peur de punir une erreur in-
» nocente ou une faute digne d'excuse ? La censure
» publique va plus loin : elle flétrit des actes que
» la loi ne peut pas condamner ; elle ira poursui-
» vre le juge servile ou corrompu dans des retrai-
» tes où la peine ne pourrait pas l'atteindre. La
» responsabilité légale n'est donc qu'une ressource
» imparfaite ; elle restreint l'improbité dans cer-
» taines limites ; elle l'oblige à user d'artifice, de
» faux-fuyants ; elle diminue le danger, mais elle
» ne le détruit pas. Ajoutez qu'un coupable riche,
» en danger de perdre sa fortune, pourrait offrir à
» son juge de quoi le mettre à l'abri de la honte et
» de la peine en lui donnant les moyens de s'expa-
» trier, et conserver ainsi la moitié d'un bien mal
» acquis par le sacrifice de l'autre : ce sont là des
» cas extrêmes, tout a fait hors des probabilités
» communes ; mais il ne faut point se récrier contre
» ces suppositions, ni s'imaginer qu'aucun juge,
» surtout dans une situation embarrassée, ne suc-

» comberait à cette séduction. Quelque estime
» qu'on fasse des vertus humaines, il ne faut point
» les soumettre à de telles épreuves. »

IX.

Il nous reste maintenant un dernier mot à dire
au sujet des jugements où notre législation n'admet pas de recours.

En 1790, l'Assemblée constituante, au nom de la
liberté, introduisit dans nos lois françaises l'antique
institution germanique et féodale du jury, qu'elle
empruntait à l'Angleterre. Ce n'est pas comme
une institution judiciaire qu'on doit considérer
dans notre pays l'existence du jury, mais comme
une institution politique que nous n'avons pas à
discuter ici. On nous permettra seulement, en ter-
minant, de faire remarquer que, dans l'état actuel,
son organisation n'est pas complétement d'accord
avec le reste de nos lois. Le code n'admet pas d'appel pour les causes jugées par le jury. Cependant
si le droit d'appel est, comme nous avons essayé
de le démontrer, un droit absolu, pourquoi en priver les accusés des causes criminelles? On l'admet
en matière correctionnelle, où le ministère public

a aussi le droit d'appeler *a minima* quand il juge la peine trop faible pour le délit. Que ce dernier genre d'appel soit supprimé pour les jugements de Cours d'Assises, c'est la conséquence naturelle du principe de clémence qui a inspiré l'introduction du bénéfice d'absolution en cas de partage. Mais le même principe devrait faire admettre l'appel dans les cas où il y a condamnation. La pratique a reconnu depuis longtemps les inconvénients de cette différence entre les causes correctionnelles et les criminelles, et on essaie d'y remédier par des voies détournées. Ainsi la Cour de Cassation cherche souvent des moyens très-légers par eux-mêmes pour casser les arrêts des Cours d'Assises et arriver ainsi à leur révision et à leur réformation. Pourquoi au lieu de ces voies détournées n'aborderait-on pas franchement la solution de cette difficulté? N'y aurait-il pas un moyen de concilier l'institution du jury avec le droit et la théorie des recours? Nous ne pouvons qu'indiquer en passant ces questions d'une haute importance, et nous exprimons seulement le vœu que nous formons, de voir sous ce rapport introduire dans nos lois criminelles une modification qui nous semble nécessaire.

PREMIÈRE PARTIE.

—

I.

On peut définir l'appel, le recours d'une juridiction inférieure à une autre d'un ordre plus élevé dans l'intention de faire réformer la sentence du premier juge.

L'appel proprement dit ne peut donc exister que là où existe une hiérarchie judiciaire régulièrement organisée et remontant par degrés à un pouvoir supérieur. A Rome, sous la république, il n'y avait pas d'ordre hiérarchique entre les diverses autorités préposées à l'administration de la justice. Aussi, dans toute la première époque du droit n'y eut-il pas, à proprement parler, d'appel.

Mais c'était à Rome un ancien principe de droit politique que tout magistrat revêtu de l'*imperium* ou de la *potestas*, pouvait, en vertu de la puissance populaire dont il avait reçu la délégation, apposer son *veto* à la décision émanée d'un autre magistrat. C'étaient les tribuns du peuple qui possédaient ce droit de *veto* de la manière la plus étendue; ils pouvaient intervenir partout, non-seulement dans les actes politiques, mais dans toutes sortes d'affaires, dans les affaires judiciaires en particulier. L'intervention du tribun pouvait avoir deux effets différents : ou il empêchait l'instance, ouverte par une formule préjudiciable au droit d'une des parties [1]; ou, s'il intervenait après l'instance déjà terminée, il arrêtait l'exécution de la sentence [2]. Tout homme privé qui se considérait comme lésé, soit par la formule délivrée par le préteur, soit par la sentence rendue par le juge, pouvait s'adresser aux tribuns (*eos appellare*) et leur demander d'interposer leur *veto*.

En général, ce n'était qu'après mûr examen que les tribuns obtempéraient à cette demande. Ils se réunissaient en collége [3] et entendaient contradictoirement les parties [4] et leurs avocats [5]. Lorsqu'ils

[1] Cic. *Pro Tullio*, 38; *Pro Quinctio*, 20; *Académ. quæst.*, II, 30. — Cf. Gell. *Noct. att.* IV, 14; VII, 19; XIII, 12; Val. Max. VI, 1, 7 ; 5, 4.

[2] Cic. *Pro Cluentio*, 27.

[3] Cic. *Verr.* II, 41. Gell. IV, 14 ; VII, 19. Liv. VII, 58 ; XXXVIII, 60; XLII, 31. Val. Max. VI, 1, 7 ; 5, 4. Suéton., *Cæs.*, 32.

[4] Gell. XIII, 12. Liv. XXXVIII, 58 seqq.

[5] Cic. *Verr.* II, 41. Liv. XLII, 33.

reconnaissaient violation des principes dans la sentence ou inobservation des formalités dans la procédure, ils prononçaient leur *veto* par un décret rendu en commun, portant les noms de ceux qui l'avaient voté[1]. Cette instruction et cette délibération en commun n'étaient, du reste, pour les tribuns qu'un moyen de s'éclairer ; chacun d'eux gardait individuellement le *jus intercedendi*[2].

Le *veto* des tribuns arrêtait seulement l'exécution, il ne substituait pas à la formule ou à la sentence qui en était frappée, une formule ou une sentence nouvelle. Le défendeur condamné pouvait chercher un moyen d'arrêter sa condamnation, mais le demandeur qui avait succombé dans sa demande n'y trouvait aucun secours utile, car l'absolution du défendeur ne produisait aucun effet positif que le *veto* pût arrêter[3]. L'*appellatio* dans les affaires civiles était donc un moyen d'arrêter l'exécution d'un jugement, et non une voie de réformation. Mais ce qui manquait dans les affaires civiles se trouvait déjà dans les affaires criminelles : par l'appel au peuple (*provocatio ad populum*) on obtenait révision du jugement et changement dans la condamnation[4].

---

[1] Cic. *Verr.* II, 41. Gell. iv, 14 ; vii, 19. Liv. xxxviii, 52, 60. Asconius ad Cic. *Pro Milone*, c. 14.

[2] Cic. *De Prov. cons.* 8. Gell. vii, 19. Liv. xxxviii, 60.

[3] Gell. vii, 19. Liv. xxxviii, 60. Val. Max. vi, 1, 7.

[4] Cic. *De rep.*, II, 31. Sen. *Ep.* 108.

Dans les provinces, c'était au proconsul ou au propréteur, seul magistrat supérieur, investi d'un pouvoir presque absolu, qu'on appelait des sentences des magistrats inférieurs (*minora judicia*), notamment de celles des magistrats municipaux [1]. En même temps, il n'y avait pas d'appel contre les décisions des gouverneurs de provinces, et nul ne pouvait intervenir pour en empêcher l'exécution, car le gouverneur n'avait pas de collègues et il n'y avait dans la province ni tribun, ni magistrat qui lui fût supérieur.

Tel était le système en vigueur du temps de la république. Sous l'empire, tout changea. Une décision du sénat remit à Auguste une puissance absolue et illimitée sous le voile du respect des anciennes formes républicaines, et cela par la combinaison de la puissance tribunitienne perpétuelle, du droit de proposition au sénat, et du pouvoir proconsulaire accordé à l'empereur *intra pomerium*, c'est-à-dire là où il s'était toujours arrêté [2]. La puissance tribunitienne remettait le *veto* aux mains de l'empereur. Mais cela ne suffisait pas. La combinaison de cette puissance avec le pouvoir proconsulaire donna naissance à cette fiction de la *Lex regia* par laquelle l'empereur recevait délégation entière

[1] Cic. Verr. IV, 65.
[2] Dio, LIII, 32.

de la souveraineté et de l'autorité du peuple[1] à
Rome et dans tout l'empire, comme le proconsul
était censé l'avoir dans sa province; délégation
plus complète, puisque l'empereur avait aussi
celle du pouvoir législatif[2]. Par suite de cette délégation, c'était à l'empereur, comme représentant
l'autorité du peuple et concentrant entre ses mains
tout son pouvoir, que revenait le droit de modifier les condamnations en matière criminelle.
Auguste étendit ce pouvoir aux affaires civiles.
Le substituant au *veto* que lui avait donné la puissance tribunitienne, il transporta dans ces affaires
les conséquences de l'appel en matière criminelle.
Il créa pour juger des affaires civiles un *præfectus
Urbi* à Rome et des *consulares* dans les provinces.
En même temps il permit le recours de ces derniers
à lui-même[3].

---

[1] Justinian. *Instit.*

[2] L'importance qu'avait aux yeux des Romains, dans la constitution
de la puissance impériale, le pouvoir proconsulaire, est attestée par certaines médailles de Dioclétien. Ce prince, qui achevait d'organiser le
pouvoir absolu, et tout à fait royal après lui, de l'empereur, prend sur
quelques monnaies d'or le titre de proconsul : DIOCLETIANVS. AV-
GVSTVS — CONSVL. VII. .P. P. PROCOS (V. Eckhel, *Doctr. num. vet.*,
t. VIII, p. 4.). Son collègue Maximien Hercule fit de même : cos. III. P. P.
PROCOS. Et leur exemple fut suivi par Constance Chlore (CONSVL. V. P. P.
PROCOS.), Licinius (CONSVL. P. P. PROCONSVL), et Constantin (CONSVL. P.
P. PROCONSVL — P. M. TRIB. P. COS. IIII P. P. PROCOS) V. Eckhel, *D. N. V.*,
t. VIII, p. 339.

[3] Sueton., *Octav.*, 33; *Calig.*, 16; *Nero*, 17. Dio, LII, 21 et 33. Tacit.
Ann., XIV, 28. — L. 88, pr., D., de min. L. 1, § 3, D, de appr.

Dès lors *appellare* devint le synonyme de *provocare* et *appellatio* prit le sens de notre *appel*. Ces innovations qui instituaient l'appel proprement dit, inconnu jusqu'alors, devaient faire en grande partie l'objet de la loi *Julia judiciaria*, souvent citée dans le Digeste.

II.

L'appel des sentences des *juridici* et du préteur urbain était donc, à partir d'Auguste, porté, à Rome devant le *præfectus Urbi*, et dans les provinces devant les *consulares*. L'empereur Tacite permit de porter devant le *præfectus Urbi* l'appel d'un jugement, même rendu dans les provinces [1]. Avant lui, les deux Sévère avaient introduit le jugement des affaires civiles à l'auditoire du préfet du prétoire [2]. Mais y connaissait-on des appels avant Constantin? Quoique très-vraisemblable, cette opinion ne peut être démontrée d'une manière absolue. Encore moins peut-on déterminer les cas dans lesquels l'appel devait être porté au préfet de Rome ou au préfet du prétoire, ou faire voir qu'on ait eu

[1] Vopisc. Florian., 5, 6. — Cf. L. 38, D, de min. L. 1, § 3, de appell.
[2] V. Zimmern, *Geschichte des Rœmisches Privatrechts*, t. III, § 4 et 7.

le droit de choisir indifféremment l'un ou l'autre.
Les *juridici* et le préteur urbain, comme immédiatement supérieurs, recevaient l'appel des jugements
rendus par les magistrats municipaux [1]. Quant au
juge nommé par un préfet, c'était auprès du préfet
qui l'avait désigné qu'on en appelait [2], et de même
dans les provinces, le recours de la sentence d'un
juge était porté au *præses* dont il avait reçu sa
mission [3]. En général, on appelait de la sentence
du juge au magistrat qui avait délivré la formule;
mais cette dernière règle resta fort longtemps
obscure et peu admise, et nous ne la trouvons expressément proclamée pour la première fois que
par Modestin [4]. Avant lui, on trouvait naturel que
les parties dussent se soumettre entièrement à la
décision du juge qu'elles avaient elles-mêmes
choisi.

L'empereur était le juge suprême; c'était à lui
qu'appartenait le dernier ressort [5]. On pouvait
même s'adresser à lui pour la réformation des
décisions rendues par le préfet du prétoire [6].
C'était à l'empereur qu'on parvenait et qu'on s'ar-

---

[1] V. Zimmern, *ibid.*, § 4 et 5.
[2] L. 1, pr., D, *quis a quo app.* L 1, § 3, D, *de app.*
[3] L. 21, § 1, *de app.*
[4] L. 3, D, *quis a quo,* — Cf. L. 1, § 3, D, *de app.* L. 2, D, *a quib.*
app. non lic.
[5] L. 1, § 1, D, *a quib. app. non lic.* L. 38, D, *de min.*
[6] V. Zimmern, t. III, § 172.

rêtait après avoir parcouru de recours en recours
les divers degrés de la justice. Lorsque par erreur,
en s'élevant et en suivant la hiérarchie des magistratures, on avait passé un intermédiaire et inter
jeté appel de la sentence d'un magistrat inférieur
à un magistrat de deux degrés plus élevé, l'appel
n'en était pas moins valable, d'après plusieurs
rescrits impériaux, puisqu'en définitive on s'était
toujours adressé à un magistrat supérieur. La décision de l'empereur était sans appel [1]. Mais, quand
on avait le droit d'appeler d'un jugement, ce droit
ne se trouvait pas anéanti par cela seul que l'empereur avait rendu un rescrit à titre de consultation [2]. L'appel n'était pas recevable par suite de
ce principe, quand le juge avait été désigné par
l'empereur avec déclaration formelle qu'on n'aurait pas de recours contre sa sentence; c'est ce que
faisait souvent Marc-Aurèle [3]. Il en était de même
quand les parties s'étaient interdit la faculté d'appeler de la décision du magistrat [4].

Du temps de la république le jugement des centumvirs n'était pas susceptible d'appel [5]. Mais en
était-il de même sous l'empire? C'est là une ques-

[1] L. 1, § 1, D, quis a quo app.
[2] L. 1, § 1, D, de app. L. ult. D, quando app.
[3] L. 1, § 4, D, quis a quo app.
[4] L. 1, § 3, D, quis a quo app.
[5] L. 1, § 3, cod.

tion qui a été fort controversée [1], mais qui me paraît résolue par M. Zimmern; nous citerons ce qu'il dit à ce sujet [2] : « Le passage qui nous apprend » que Domitien rescinda *in foro pro tribunali extra ordinem ambitiosas centumvirorum sententias* [3], paraît devoir s'appliquer aux *venales sententiæ*, et ne s'entendre que d'une déclaration » de nullité. Mais, si l'empereur pouvait déclarer » nulles de telles sentences, il est évident qu'il » pouvait aussi connaître des appels de leurs » décisions; et il est vraisemblable de supposer » qu'il s'était attribué aussi le droit de connaî- » tre de ces appels. En effet, il n'y avait pas » d'autre magistrat pour en connaître; or il est » certain que les jugements rendus sur la plainte » d'inofficiosité, par conséquent rendus par les » centumvirs, étaient susceptibles d'appel [4]. »

En règle générale, on pouvait appeler de toute espèce de jugements, interlocutoires comme définitifs [5]; mais les appels purement dilatoires (*moratoriæ appellationes*) étaient déclarés inadmissibles [6]. On refusait aussi le droit d'appel dans les

[1] V. Siccama, *De jud. centumv.*, 1, 6. Conradi, *Jus provocationum*, c. 3, § 51. Zepernik, ad *Siccam.* l. c., p. 51 sqq.
[2] T. III, § 190.
[3] Suéton., *Domit.* 18.
[4] L. 17, pr.; L. 31, § 3, D, de *inoff. test.*
[5] L. 20, D, de app. recip. L. 1, § 2, D, de app.
[6] Paul., *Sentent.*, V, 35, § 2. L. 7, pr., § 1, D, de app. rec.

affaires urgentes, telles que les interdits et les procès relatifs à l'ouverture des testaments et à l'envoi
en possession des héritiers[1]. On le refusait aussi
aux contumaces[2] et dans les cas de jugements
rendus sur un serment ou un aveu judiciaire[3].
Enfin, on ne pouvait appeler contre aucun acte
d'exécution de jugements ayant force de chose
jugée[4].

Quant aux formalités de la procédure d'appel à
partir de l'époque d'Auguste, nous allons les exposer aussi brièvement que possible. L'appel pouvait être déclaré, soit au moment même du prononcé de la sentence, de vive voix[5], soit après
un délai de trois jours, quand on avait plaidé pour
soi-même, ou de deux, quand on avait plaidé pour
un autre[6], par un écrit (*libellus* ou *litteræ appel-
latoriæ*) remis au juge dont on appelait[7] et contenant le nom de l'appelant, celui de l'intimé et

---

[1] L. 7, pr., § 1, D, *de app. rec.* Paul., *Sentent.* v, 34, §§ 1 et 2.

[2] Paul., *Sentent.*, v, 5 a, § 7. L. 23, § 3, D, *de app.* L. 73, § 3, D, *de jud.*

[3] Paul., *Sentent.*, v, 35, § 2; v, 5 a, § 5, L. 28, § 1, D, *de app.*

[4] Paul., *Sentent.*, v, 35, § 2, L. 4, D, *de app.* L. 7, § 2, *de app. rec.*

[5] L. 2, D, *de app.* L. 5, § 5, eod.

[6] D'après un discours de Marc-Aurèle, ces jours n'étaient comptés qu'*utiliter*, si le juge dont on appelait ou si celui à qui devait être porté l'appel n'étaient pas officiellement accessibles.— L. 1, § 7-10, D, *quando app.* L. 2, pr, § 1, eod. L. 6, § 5, C, *de app.*

[7] L. 5, § 5, D, *de app.* L. 7. eod. L. 1, § 5, 6, 11, 12, 13, D, *quando app.*

l'indication de la sentence [1]. Le juge à qui le *libellus* était remis ne pouvait refuser de recevoir l'appel [2], et il lui était très-sévèrement interdit de chercher par des menaces à en détourner la partie qui voulait recourir à cette voie [3]. L'appelant dont le juge avait refusé l'appel n'encourait pas pour cela déchéance, mais il devait dénoncer au juge supérieur le refus du juge inférieur dans un délai qui, selon les diverses époques, a varié de quatre mois à un an [4]. Le juge inférieur devait même, d'après certaines constitutions impériales, donner avis lui-même de son refus au juge supérieur et remettre une copie de cet avis aux parties [5]. Quand il y avait violence exercée sur la partie pour l'empêcher, elle pouvait, conformément à la décision des empereurs, publier les *libelli* que le juge avait refusés [6]. Une fois l'appel reçu par le juge inférieur, l'appelant devait, dans les cinq jours, sous peine de déchéance, solliciter l'attestation écrite que l'appel avait été formé (*libelli dimissorii* ou *apostoli*[7]) ; puis, dans un nouveau délai

[1] L. 1, § ult. D, *de app.* L. 3, eod. L. 13, eod.

[2] V. le titre, D, *de app. rec. vel non*, et C, *quorum app. non rec.*

[3] L. 25, D, *de app.* C, *de his qui per metum judicis non appellarunt.*

[4] L. 5, D, *de app. rec.* L. 6, eod. L. 67, C. Th., *de app.* L. 31, C, *de app.*

[5] V. Zimmern, t. III, § 171.

[6] L. 7, § 23, D, *de app.* L. ult., pr., D, *quod metus causa.*

[7] Paul., *Sentent.*, v, 35. L. un., pr., D, *de lib. dimiss.* L. 9, med., D, *de jure fisci.*

de cinq jours, donner caution par consignation ou fidéjusseur, de payer une amende égale au tiers de la valeur en litige dans le cas où l'appel serait reconnu mal fondé [1]. Nous ne connaissons qu'imparfaitement l'origine de cette amende, nous savons seulement que jusqu'à Néron on pouvait porter un appel, même au sénat, *sine pœna*, et que Néron voulut qu'elle fût *garantie*, même pour les appels au sénat [2]. Dioclétien et Maximien supprimèrent l'obligation de fournir caution, en ordonnant aux juges de délivrer immédiatement et sans délai les *apostoli* à l'appelant [3], ce qui fit disparaître les deux termes de cinq jours.

Arrivé devant le juge d'appel, l'appelant lui remettait les *apostoli* qu'il avait obtenus [4], exposait les causes de son appel [5], et plaidait l'affaire en litige contradictoirement avec l'intimé [6]. Si ce dernier faisait défaut, on jugeait en son absence sans avoir recours à la procédure de contumace [7]. Si

[1] Paul., *Sentent.*, v, 33, 1-2. V. Brisson, *Sel. antiquitat.*, II, 18, p. 83 sqq., ed. Trekell. — Quand l'appelant n'avait pas son domicile dans le lieu où il avait déclaré son appel, le délai pour fournir caution était augmenté en raison de la distance. Paul., *Sentent.*, v, 33, 1.

[2] Tacit., *Ann.*, xiv, 28.

[3] L. 6, § 5, C, *de app.*

[4] Paul., *Sentent.*, v, 34, 1. L. 1, D, *de libell. dimiss.* Vatic. fragm. §§ 162 et 163.

[5] L. 13, § 1, D, *de app.*

[6] Rubr., Paul., *Sentent.*, v, 35. D, *an per alium causæ appellationum reddi possunt.* L. 1, pr., § 4, D, *ei pendente app. mors.* L. 41, D, *fam. ercisc.*

[7] V. Bonjean, *Traité des actions*, p. 522.

l'appelant faisait défaut, l'appel était considéré comme abandonné, et on confirmait purement et simplement le jugement dont avait été appelé. Quand le juge supérieur rejetait l'appel, il prononçait simplement la formule *injustam esse appellationem ;* quand il l'admettait, il prononçait la formule *justam esse appellationem* et rendait un nouveau jugement [1]. — La déclaration d'appel, que le juge eût voulu ou non l'admettre, avait un effet suspensif de l'exécution du jugement [2]. Toutefois, dans les cas où l'appelant, possesseur de l'objet litigieux, avait été condamné à le restituer, s'il y avait danger pour les fruits, plusieurs rescrits impériaux ordonnaient qu'ils fussent séquestrés [3]. Si l'appel était rejeté, le jugement qui se trouvait confirmé produisait tous ses effets à partir du jour où il avait été prononcé, tout comme s'il n'y avait pas eu d'appel [4]. L'appelant qui succombait était alors obligé de payer le quadruple des frais qu'avait causés son appel [5]. Dioclétien et Maximien supprimèrent cette pénalité fixe et accordèrent au juge le droit de punir en

---

[1] L. 6, D, *de his qui not.* L. 30, pr., D, *de min.* L. 20, D, *de adm. tut.* L. 57, 1., D, *eod.* L. ult., D, *de re jud.* L. 24, pr., D, *de app.* L. 2, pr., D, *quando app.* Paul., *Sentent.,* v, 37. L. 6, C, *de app.*

[2] D, *nihil innovari appellatione interposita.* L. 8, C, *de app.*

[3] Paul., *Sentent.,* v, 36. L. 4, § 3, D, *de app.* Symmach., *Ep.* x, 18.

[4] L. 6, § 1, D, *de his qui not.*

[5] Paul., *Sentent.,* v, 37.

général celui qui interjetait un appel téméraire [1].

On pouvait en appel faire valoir des moyens nouveaux. Dioclétien et Maximien confirmèrent cette règle [2].

III.

Tel était le système des appels du temps de la jurisprudence classique. Les empereurs chrétiens le modifièrent assez notablement. En général, les changements qu'ils y apportèrent tendent à restreindre les appels. Diminuer le nombre des cas où ils peuvent se présenter, empêcher tous ceux qui semblent être de nature à entraver la marche des procès, restreindre les degrés de recours, prévenir autant que possible les appels téméraires, voilà ce à quoi tendent les empereurs depuis Constantin. On sent dans leur conduite l'influence des idées chrétiennes et d'une conscience mieux éclairée. Le but évident de toutes ces innovations est d'arriver à la justice plus rapidement, d'empêcher tout ce qui pourrait retarder sa marche. En même temps on croit apercevoir une délicatesse de conscience toute nouvelle qui porte l'empereur

[1] L. 6, § 4, C, *de app.*
[2] L. 6, § 1, *eod.*

à restreindre son intervention, comme s'il craignait d'abuser un jour de son autorité absolue dans les jugements. Il semble que ce soit dans cette intention que les souverains augmentent l'autorité du premier juge et, dans les cas où le recours est nécessaire, restreignent de plus en plus leur intervention personnelle, déléguant aux magistrats du rang le plus élevé, la presque-totalité de leur pouvoir judiciaire. C'est là l'esprit nouveau qui se montre dans le système des appels à la dernière époque du droit romain. Il devait le modifier profondément, et ce sont ces modifications que nous allons étudier maintenant, en suivant l'ordre adopté par M. Zimmern et en examinant les changements introduits : 1° dans la compétence des magistrats, 2° dans la nature des causes susceptibles d'appel, 3° dans la procédure.

1° — Constantin créa dans sa nouvelle capitale un second *præfectus urbi* qui, de même que celui de Rome, jugeait les causes d'appel [1]. Nous avons vu plus haut que, depuis l'empereur Tacite, au préfet de Rome pouvaient aboutir des appels des provinces ; Constantin lui enleva ceux de toute l'Italie pour les donner au préfet du prétoire de ce diocèse [2] ; toutefois il lui réserva les régions subur-

---

[1] V. Zimmern, t. III, §§ 20 et 172.
[2] L. 27, C. Th., *de app.*

bicaires [1], et dans la suite on lui rendit l'appel de quelques-unes des provinces de l'Italie [2]. Valenti- -nien III accorda même au préfet de la ville de Rome le dernier recours contre les jugements ren- dus dans les provinces d'Afrique, où l'autorité ro- maine était encore reconnue [3]. Quant au préfet de Constantinople, l'empereur Constant désigna les provinces qui devaient appeler à ce magistrat [4]; Valentinien, Théodose et Arcadius confirmèrent cette autorité et l'étendirent sur une nouvelle pro- vince, la Paphlagonie, qui d'abord n'était pas comprise dans sa circonscription [5]. — Du *præ- fectus urbi* on appelait à l'empereur [6] qui jugeait toujours en dernier ressort [7], mais, depuis Con- stantin, il n'y avait pas d'appel pour les jugements du préfet du prétoire [8] et on n'avait contre eux de recours que la *supplication au prince* [9]. Or, en règle générale, on portait au préfet du prétoire

[1] L. 13, C. Th., *de accus.* V. J. Gothofr. ad L. 27, cit., t. IV, p. 250.

[2] Cassiod. Varr. 11, 4. Symm., Ep. 11, 39; 2,51; 11, 44. V. J. Gothofr., l. c.

[3] Nov. Th., 23. Nov. Valent., l. 11, t. 19.

[4] L. 1, tit. nov., C. Th., *de off. præf. urb.* L. 23, C, *de app.*

[5] L. 10, C. Th., *de off. præf. urb.* V. Zimmern, t. III, § 173.

[6] L. 16, C. Th., *de app.* L. 19, C, *de app.*

[7] L. 11, C. Th., *de app.* L. 23, cod. L. 30, eod. L. 2, C. Th., *de his qui per met.* L. 3, C, *de his qui per met.*

[8] L. 10, C. Th., *de app.* L. 19, C, *de app.* L. un., § 1, D, *de off. præf. præt.* L. 17, D, *de min.* V. Zimmern, t. III, § 112.

[9] V. Zimmern, t. III, § 117. Benjean, *Traité des actions*, t. II, p. 528 etq.

l'appel des jugements de tous les magistrats inférieurs, toutes les fois qu'il n'était pas porté au
préfet de la Ville ou à l'empereur lui-même [1]. Du
rationalis de Rome, quand, ce qui était très-rare,
il avait jugé entre parties privées, Constantin avait
ordonné que l'appel serait porté au *præfectus
Urbi* [2]; dans les affaires fiscales l'appel restait encore à cette époque à l'empereur [3], mais il fut
bientôt porté aux *comites Sacrarum Largitionum
et Rei privatæ* [4]. Valentinien II [5] et après lui Valentinien III [6] modifièrent ce point et déclarèrent
qu'on appellerait du *rationalis*, d'abord au proconsul, et ensuite à l'empereur. Théodose II enfin
ordonna que l'appel du *rationalis* serait porté au
præfectus Urbi quand l'objet du litige serait au
moins de 200 livres d'argent, et dans tous les autres cas au *comes rei privatæ* [7]. Sous Justinien,
cet appel est porté encore une fois au *comes rei
privatæ* qui peut à sa place déléguer un gouverneur de province [8].

---

[1] L. 16, C. Th., *de app.* L. 19, C, *de app.* Cf. J. Gothofr., t. iv, p. 214
f. ad L. 11, C. Th., *de app.*

[2] L. 18, C. Th., *de app.*

[3] *Ibid.*

[4] L. 28, C. Th , *de app.* L. 39, cod. L. 41, cod. L. 26, C, *de app.* L.
16, C. Th., *de app.*

[5] L. 41, C. Th., *de app.*

[6] L. ult., C. Th., *de app.*

[7] L. 19, C. Th., *de app.*

[8] L. 28, C, *de app.*

Nous venons déjà, dans cet exposé, de rencontrer plusieurs restrictions apportées au nombre des cas d'appel à l'empereur. Une constitution de Théodose II décida que les appels ne seraient plus jugés par l'empereur lui-même, que lorsque le jugement attaqué émanerait d'un *judex illustris*. Quant aux sentences des *judices spectabiles*, les appels à l'empereur en étaient renvoyés à une commission composée du préfet du prétoire et du questeur du palais.[1]. A cette époque, la procédure des appels à l'empereur était devenue tout à fait semblable à celle de notre Conseil d'État dans les affaires du contentieux administratif. Pour éviter aux parties un voyage coûteux à la capitale, ces appels étaient instruits devant le juge inférieur qui transmettait au souverain les dires des parties (*libelli refutatorii*) et ses propres observations (*consultatio, relatio, opinio*)[2]. L'appel était jugé sur pièces en conseil (*consistorium*) et la décision était rendue en forme de rescrit impérial[3].

Justinien le premier défendit qu'il y eut plus de trois appels pour le même procès[4]. Avant lui, il n'y avait pas d'autres limites que celles des degrés

----

[1] L. 32, C, *de app.*

[2] L. 8, C. Th., *de app.* L. 11, eod. L. 29, eod. L. 32, eod. L. 34, eod. L. 32, C, *de app.*

[3] L. 2, C, *de leg.*

[4] L. un., init., C, *ne liceat in una eademque causa tertio provocare.*

de magistrature; on s'arrêtait parce qu'on ne pouvait aller plus loin,

2° — En général dans toute la dernière époque,
on restreignit la sphère des affaires susceptibles
d'appel. Constantin porta de nouvelles défenses
contre les appels moratoires [1] et interdit même
ceux des jugements interlocutoires [2]. Une pénalité
était établie pour les plaideurs qui appelleraient
dans de pareils cas, et le juge qui admettait ces
appels mal à propos, s'exposait à faire la cause
sienne [3]. Valentinien admit seulement deux exceptions dans les appels de jugements interlocutoires,
le cas d'incompétence et celui du jugement qui
rejette une exception péremptoire [4]. On ne permettait pas, non plus, les appels interjetés contre
l'exécution de sentences passées en force de chose
jugée [5]. Mais Valentinien autorisa à appeler de
l'exécution quand elle dépassait les termes du jugement [6], disposition qui a été adoptée par Gratien en y ajoutant le séquestre de l'objet de l'exé-

[1] L. 1, C. Th., de app. L. 9, eod. L. 10. eod.
[2] L. 1, C. Th., de app. L. 2, eod.
[3] L. 5, C. Th., de app. L. 18, D, h. t. L. 29, eod. L. 65, C. Th., de div. rescr. Cf. ad h. l. J. Gothofr., t, I, p. 17.
[4] L. 18, C. Th., h. t.
[5] L. 2, C. Th., h. t. L. 15, eod. L. 16, eod. L. 18, eod. L. 25, C. Th., de app. (L. 21, C, de app.) L. 39, eod. L. 3, C, Th., h. t. L. 11, eod. L. 16, eod. L. 25. eod. (L. 5, C, h. t.) L. 30, eod.
[6] L. 18, C. Th., h. t.

cution [1]. Le même empereur décide que le juge qui a rejeté une exception péremptoire et de qui a été appelé, doit surseoir au jugement des autres exceptions jusqu'à ce qu'il ait été statué sur l'appel. Si c'est l'empereur à qui l'appel a été porté, pour toutes les autres exceptions qu'on proposera, on ne pourra plus interjeter appel, tandis qu'on pourra le faire si c'est un autre magistrat [2]. Justinien en revint à la constitution de Constantin et établit qu'on ne pourrait appeler qu'après le jugement définitif [3]. Il permit seulement l'appel de toute espèce de jugements définitifs pour les chefs accessoires comme pour les chefs principaux et même pour les frais [4]. Valentinien III avait voulu qu'on ne pût appeler que pour une valeur au-dessus de 100 sous d'or, Justinien n'admit pas cette disposition, et dans une de ses constitutions décida que la valeur du litige n'influerait pas sur la réception de l'appel [5].

---

[1] L. 25, C. Th., h. t. (L. 5, C, h. t.)

[2] L. 37, C. Th., de app. L. 23, C. Th., h. t. L. 24, eod. L. 25, eod. L. 3, C. Th., de div. reser. Cf. Zimmern, t. III, § 172.

[3] L. 36, C, de app. L. 16, C, de jud. L. ult., C, de sent. et interl. Cf. Cujas, Obs., xii, 3.

[4] Nov. 23, c. 1. Lydus, De Magistr., II, 15. Cf. Zimmern, t. III, § 170. — Si la partie qui avait succombé appelait, le demandeur qui n'avait pas obtenu les frais en première instance, n'avait pas besoin de former à ce sujet d'appel incident ; le juge pouvait les lui accorder d'office. L. 10, C, quando prov.

[5] L. 10, C, quando pror. Nov. 82, c. 10.

[6] L. 37, C, de app.

Pour les affaires fiscales et les procès qui intéressent l'empereur, après de grandes variations dans les dispositions légales [1], la prohibition de l'appel de ces instances cessa d'être admise dans la législation de Justinien.

Une constitution de Gratien renouvela la défense d'appeler des décisions ordonnant l'ouverture d'un testament ou l'envoi en possession d'un héritier institué [2]; d'autres constitutions répétèrent les défenses relatives à l'interdit *quorum bonorum* [3] et à l'action *momenti* [4].

Mais si d'un côté les empereurs chrétiens restreignaient beaucoup les cas où l'appel était admissible, d'un autre côté ils cherchaient à réprimer l'arbitraire des juges qui suscitaient souvent des difficultés aux appelants [5], en retardant la marche de l'instance d'appel [6] ou en cherchant à en détourner les parties par l'intimidation [7] et la violence [8]. Déjà antérieurement quelques empe-

---

[1] V. Zimmern, t. III, § 172.

[2] L. 26, C. Th., h. t. (L. 6, C. h. t.)

[3] L. 22. C. Th., h. t.

[4] L. un., C. Th., *si de momento fuerit appellatum.* L. un., C, *de momentanea possessione f. ap.* Symm. *Ep.* x, 41. Cf. J. Gothofr., t. iv, p. 330.

[5] L. 2, C. Th., *de app.*

[6] L. 2, C. Th., *de relat.* (L. 1, C, *de relat.*) L. 13, C. Th., *de app.* L. nova, 4, C. Th., *de off. pr. præt.*

[7] Tit., *de his qui per metum judicis non appellaverunt,* C. Th. et C.

[8] L. 2, C. Th., *de app.* (L. 1, C, *de app.*) L. 4, eod. L. 15, eod. L. 22, eod. L. 58, eod. (L. 30, C, *de app.*'.

reurs s'étaient préoccupés de ces abus [1]. Les princes chrétiens, pour assurer la liberté des parties et la marche de la justice, prononcèrent des pénalités très-sévères contre les juges qui tenteraient d'empêcher les appels [2].

3° — La procédure reste en général, après Constantin, la même qu'elle était auparavant. La partie qui appelle de vive voix devant le juge n'est plus tenue à lui remettre les *libelli appellatorii* [3], mais si elle les remet, les peines les plus sévères empêchent le juge de les refuser. Valentinien III défend à l'appelant de retirer sa déclaration d'appel [4] ; Honorius l'autorise, mais dans les trois jours [5] ; enfin Justinien le permet sans conditions [6]. Dans une Novelle le même empereur étend à dix jours le délai pour appeler par déclaration écrite [7].

Nous avons vu que, sous le régime des jurisconsultes classiques, c'était l'appelant qui devait présenter au juge supérieur les *apostoli* qu'il avait obtenus. Constantin ordonna que la déclaration d'appel serait transmise au magistrat supérieur par le juge inférieur qui devait y joindre un avis mo-

---

[1] L. 25, D, *de app.*
[2] V. Lœhr., *Uebers.*, t. I, p. 29, note 4, Zimmern, t. III, § 73.
[3] L. 7, C. Th., *de app.* L. 14, C, *de app.* Cf. L. 40, C. Th., *de app.*
[4] L. 48, C. Th., *de app.*
[5] L. 56, *eod.*
[6] L. 28, C, *de app.*
[7] Nov., 23, c. 1.

tivé (*consultatio*) [1]. Cet envoi devait être fait dans les vingt jours de la déclaration d'appel. Justinien augmenta le délai et donna trente jours au magistrat inférieur [2]. Sous le même empereur, on en revint à l'ancien usage, et l'appelant put de nouveau remettre lui-même les *apostoli* au juge d'appel [3].

Plus haut, en étudiant le système des appels en droit romain avant Constantin, nous avons laissé de côté la question de savoir quel était le délai dont le dernier jour déterminait la comparution des parties (*tempus exequendæ appellationis*). Nous devons ici reprendre ce sujet : car c'est un des points où la législation romaine a le plus varié dans sa dernière période. Il semble que le délai fut primitivement de quatre mois ; car lorsque l'appelant mourait après avoir interjeté son appel, on accordait, à partir de sa mort, quatre autres mois à ses héritiers [4]. Telle était la disposition de la loi sous Constantin ; il est probable que le délai de quatre mois existait déjà avant lui, quoique les quatre mois supplémentaires après la mort de l'appelant ne fussent pas alors accordés à ses héritiers [5]. — L'appelant déchu, sans sa faute, du

[1] L. 5, C. Th., *de app.* L. 8, eod. L. 16, eod.
[2] Nov. 126, c. 3.
[3] L. 5, C, *de app.* Sur toute cette question, V. Zimmern, t. III, § 171
[4] L. un., C. Th., *si pendente app. mors interv.* L. ult., C, *si pend. app. mors interv.*
[5] Tit., *si pendente app. mors interv.*, D.

délai d'appel pouvait, d'après une constitution de
Valentinien Ier, obtenir *reparatio* pendant trois
mois, ou trente jours seulement pour les jugements
de magistrats municipaux [1]. On pouvait même
obtenir une seconde réparation si une maladie du
juge ou d'autres causes d'intérêt public avaient
empêché de profiter de la première [2]. Si la déchéance venait de la faute du juge, il devait payer
à l'appelant déchu la valeur du litige [3]. — Dans
les cas urgents, sous Valentinien, le délai était de
deux mois [4]; Arcadius et Théodose II reprirent une
ancienne loi d'après laquelle le délai était de deux
mois pour l'appel d'un *judex pedaneus* et dans la
même province, et de six mois avec possibilité d'en
avoir encore trois de plus dans une province différente [5]. En même temps, ils multiplièrent les
cas d'empêchements graves qui pouvaient faire
obtenir la seconde *reparatio*, et fixèrent les délais
à trente jours (appel d'un *arbiter*), trois mois (d'un
judex) et quatre mois (dans une province différente) pour la première et trois et quatre mois
pour la seconde. Celui qui avait recours à la *re-*

---

[1] L. 1, C. Th., h. t. L. 3, eod. L. 4, eod. L. 5, eod. L. 6, eod.
[2] L. 2, C. Th., h. t.
[3] L. un., C. Th., de secundo lapsu, L. 7, C. Th., de temp. cursu.
[4] L. 3, f., C. Th., h. t. Cf. L. 10, C. Th., de app. L. 19, eod. L. 41,
eod. L. 63, eod. L. 67, eod. L. ult., C. Th., h. t. L. 2, C. Th., de decur.
[5] L. 63, C. Th., de app.

paratio devait en donner avis à son adversaire dans le même délai [1].

Une Novelle de Théodose II remplaça toutes ces dispositions par un système bizarre que nous allons exposer en quelques mots. Le *tempus exequendæ appellationis* est de six mois; l'appelant doit donc se présenter le dernier jour du sixième mois, premier *jour fatal*. Faute par lui de comparaître ce jour-là, un nouveau *dies fatalis* est reporté au 31ᵉ jour suivant; puis, à défaut de comparution, au 31ᵉ jour après, troisième *jour fatal*. L'appelant peut encore cette fois faire défaut; mais il doit comparaître le 31ᵉ jour après, dernier *jour fatal*, sous peine d'une déchéance dont il ne pourrait être relevé que par l'empereur, qui peut accorder un nouveau délai de trois mois, à partir du dernier *dies fatalis*. Telles sont les dispositions relatives aux sentences des juges *illustres* ou *clarissimi*. Pour un juge délégué par l'empereur dans une province, il n'y aura pas de *reparatio* après le 93ᵉ jour; s'il a été délégué par un *illustris*, le premier jour fatal sera deux mois après l'appel déclaré, et les autres se compteront comme nous l'avons dit. Si le *dies fatalis* tombe un jour de fête, les débats sur l'appel devront avoir lieu la veille.

[1] L. 9, C. Th., h. t.

Justinien changea encore de système [1]. Il n'admet qu'un seul *dies fatalis*, et les délais ne doivent être ni prorogés ni renouvelés sous aucun prétexte. Mais, en même temps, il permet de se présenter devant le juge d'appel, soit dans les quatre jours qui précèdent le *dies fatalis*, soit dans les cinq jours qui suivent : ce qui fait dix jours à la fin du délai pendant lesquels la comparution est autorisée. Quant au délai, il est calculé à raison des distances. Il est permis de continuer au jour suivant les plaidoiries d'appel; mais si l'appelant, après avoir commencé la discussion, ne la continue point et empêche par son absence son adversaire de continuer la sienne, la sentence dont appel est confirmée après l'expiration du délai légal, à moins que l'appelant n'ait donné des preuves évidentes d'empêchement de force majeure, auquel cas on peut lui accorder encore un an. Plus tard, par une Novelle, le même empereur accorda une année de plus; mais l'adversaire de l'appelant devait provoquer celui-ci au débat dans le dernier mois de la dernière année, et, que l'appelant se fût présenté ou non, exposer ses moyens au juge d'appel, puis attendre sa décision ; toutefois si cette décision était rendue avant l'expiration de la seconde année, elle pouvait être modifiée par

[1] L. 5, C, h. t.

la comparution de l'appelant avant la fin du délai[1]. La déchéance de l'appel n'était pas encourue,
quand le délai de deux ans expirait pendant les
opérations d'arbitres nommés dans l'intervalle, et
que les parties revenaient ensuite devant le juge
d'appel[2]. Il n'y avait pas non plus déchéance,
lorsque, l'appelant s'étant présenté dans les délais,
le juge avait remis l'affaire au delà[3].

Nous avons vu un peu plus haut que les empereurs chrétiens avaient porté des peines très-sévères contre les juges qui, par intimidation, tenteraient de détourner les parties de l'appel. Julien décida que le plaideur qui aurait, par suite de vio-
lences exercées contre lui, laissé périmer son délai
d'appel, devrait rendre publique sa volonté d'appeler, et s'adresser ensuite à l'empereur; le recours
ainsi formé était considéré comme un appel régulier[4]. Justinien inséra cette constitution dans
son Code[5].

Si on punissait les juges qui refusaient d'admettre les déclarations d'appel régulières, les appels
téméraires étaient d'un autre côté punis avec une
sévérité excessive. On ne se bornait pas, comme

[1] Nov. 49, pr., c. 1.
[2] Nov. 93.
[3] Nov. 119, c. 1.
[4] L. 30, C. Th., *de app.*
[5] L. 2, C, *de his qui per met.*

dans le droit classique, à faire croître l'action au quadruple; l'appelant riche qui succombait était condamné à deux ans de relégation dans une île, et à la perte de la moitié de son patrimoine; l'appelant pauvre était envoyé pour deux ans aux travaux des mines [1]. Cette pénalité avait été établie par une constitution de Constantin. On y voit la trace de la perversion qui s'était introduite dans l'exercice de la justice romaine. On y retrouve l'influence de quelque Musonien ou de quelque Ablave; de ces magistrats corrompus, qui parviennent à inspirer une loi dont ils peuvent se servir pour intimider les parties, et les détourner de recourir à l'empereur contre leurs sentences vénales, et de mettre au jour leurs coupables manœuvres. Malheureusement il était assez facile aux favoris de Constantin d'obtenir de semblables constitutions; ce grand empereur n'était que trop disposé à se boucher les oreilles pour ne pas entendre les plaintes du peuple sur la corruption et les rapines de l'autorité judiciaire : « Les historiens, dit M. le prince de Bro-
» glie dans son bel ouvrage sur l'*Église et l'empire*
» *romain au* IV*ᵉ siècle* [2], nous ont conservé le nom
» de plusieurs de ces favoris détestés du public et
» démesurément favorisés par leur maître.... Le

---

[1] L. un., C. Th., *de off. præf. præt.* L. 16; C. Th., *de app.*
[2] T. II, p. 82.

» plus considérable et le plus connu était un offi-
» cier du nom d'Ablave ou Ablabe. C'était un des
» premiers qui eussent suivi l'exemple du maître
» en embrassant la religion chrétienne, comme on
» peut le voir par une lettre que l'empereur lui
» adressait au plus fort de la querelle des Dona-
» tistes ; et il avait recueilli les fruits de cet acte de
» foi ou de prudence, en se voyant successivement
» promu à la dignité de vicaire d'Afrique, puis d'I-
» talie. Il usait de tous ces honneurs sans ménage-
» ments pour satisfaire sa cupidité, et l'empereur
» en fut plus d'une fois averti.... Constantin ne l'en
» désigna pas moins comme préfet du prétoire
» pour l'année 326. » Les deux constitutions dont
nous avons cité les dispositions sont datées du
consulat de Bassus et d'Ablave, en 331.

Théodose abrogea la constitution de Constantin
et défendit expressément d'appliquer une peine
pour un appel mal fondé, interjeté dans un cas non
prohibé[1] ; il ne laissa subsister que l'amende pré-
judicielle de 50 livres d'argent établie par Constantin pour les appels prohibés, par exemple, ceux
de jugements non définitifs[2]. Justinien fit plus, et
ne maintint cette amende que dans les cas où une
partie aurait appelé *de mauvaise foi* contre l'exé-

[1] L. 13, C. Th., *de app.*
[2] L. 40, C. Th., *de app.* L. 50, eod. L. 65, eod. L. 10, C. Th., *quor. app. non rec.* L. 15, cod. L. 16, eod. L. 30, eod. Symm., *Ep. x, 29, 51.*

cution d'une sentence ou contre un jugement interlocutoire [1]. Il abrogea aussi une constitution de
Théodose et d'Arcadius par laquelle le possesseur
qui succombait aux deux premiers appels, perdait
pendant le troisième la possession de l'objet litigieux [2].

Jure antiquo, ainsi que nous l'avons rapporté
plus haut, on pouvait présenter de nouveaux
moyens en appel. Théodose, Arcadius et Honorius décidèrent par une constitution qu'on ne pourrait statuer en appel que sur les questions qui auraient été agitées dans la première instance [3]. Justinien renouvela les anciennes dispositions et permit
d'invoquer en appel des moyens nouveaux pour
faire valoir des conclusions prises en instance,
pourvu qu'on ne formât pas de demandes nouvelles [4]. Une constitution du même empereur accorda
à l'intimé le droit de produire devant le juge d'appel les griefs qu'il pouvait avoir de son côté contre
le jugement [5]; en un mot, comme nous disons en
droit français, il permit les *appels incidents*.

---

[1] V. Zimmern, t. III, § 176.
[2] L. un., C. Th., *de possessione ab eo, qui bis provocaverat, transfe-*
renda.
[3] L. 52, C. Th., *de app.*
[4] L. 4, C. h. t. Cf. L. 37, f., C, *de app.*
[5] L. 39, C, *de app.*

IV.

L'immense événement qui renouvela la face du monde occidental, bouleversa l'ordre antique de la jurisprudence romaine. L'invasion des barbares introduisit un nouveau droit. Leurs lois, leurs coutumes prirent place à côté des dispositions savantes des jurisconsultes romains. L'élément germanique prit désormais sa place dans l'histoire du droit, et fournit une source nouvelle, qui se joignit à la source romaine dans la formation des lois modernes. Dans le principe, la coutume barbare n'étouffa pas le droit romain ; les lois germaniques étaient essentiellement personnelles et ne s'appliquaient pas à tel ou tel territoire ; le Salien était partout sous le régime de la loi Salique, le Ripuaire sous celui de la loi Ripuaire, et le Romain sous celui de la loi Romaine [1]. Sous Charlemagne ce principe était encore entièrement en vigueur, et le restaurateur de l'empire d'Occident fut plus d'une fois obligé de s'y conformer, quels que fussent ses efforts pour ramener tout son empire à l'unité de législation, de juridiction et d'administration. Mais

[1] Pardessus, *Loi Salique*, p. 487 sqq.

dans la formation du droit féodal, les lois des conquérants germains eurent la plus grande part. C'est à cause de cela, et par suite de leur influence sur le droit moderne, que nous devons puiser dans ces lois, pour compléter l'examen de notre question; nous devons remonter à la première forme des lois barbares et jusqu'au temps où elles existaient dans la Gaule parallèlement avec les usages et les dispositions de la jurisprudence romaine. Il nous faut voir quel esprit nouveau elles introduisirent dans le système des recours contre le jugement.

Nées au sein des forêts de la Germanie, dans une société toujours armée et encore barbare, les coutumes Saliennes et Ripuaires portent dans toutes leurs dispositions l'empreinte d'un caractère de violence qui contraste vivement avec les lois romaines. Dans le système des recours ce caractère est marqué d'une manière frappante. Le jugement est absolu, définitif, il n'est pas susceptible de réformation comme étant l'ordre du plus fort. La partie condamnée contre la loi et la justice n'a aucun recours pour obtenir un nouveau jugement; elle n'a qu'un moyen, c'est d'attaquer le juge lui-même et de le forcer à réparer, en payant une amende, le dommage que cause sa sentence. En un mot, c'est la *prise à partie* de notre droit, inconnue à la jurisprudence romaine, qu'introduisent les lois germaniques, et qu'elles appliquent là où le Romain avait la ressource de l'appel. Le même mode s'applique au juge qui refuse de rendre la justice.

La loi Salique ordonne que si les *rachimburgi*, c'est-à-dire les membres de cette espèce de jury que choisissait le comte (*grafio*) pour rendre la justice avec lui ; si les rachimbourgs, siégeant au *mallum*, après avoir entendu les plaidoiries des parties, sur la prière du demandeur de juger selon la loi Salique (*legem Salicam dicere*), opposent un refus, le demandeur doit les en prier à trois reprises ; puis s'ils persistent, il les sommera en ces termes : *Ego vos tangano usque dum vos inter me et causatorem meum legem judicatis*[1]. Alors, s'ils refusent encore, ils sont passibles d'une amende qui augmente au cas où ils s'obstinent dans leur déni de justice, la preuve en étant fournie devant le juge supérieur[2]. La loi Ripuaire contient exactement la même disposition[3]. Quant au cas où la partie est lésée par le jugement et le déclare contraire à la loi, elle doit employer la même voie ; mais si son recours n'est pas admis et si le jugement est trouvé bon et conforme à la loi, celui qui a prononcé la formule contre les juges est

[1] Lex Sal. emend., c. 60, 1. V. Lex Sal. Cod. Wolfenbüt., c. 59. Pardessus, p. 181.

[2] Lex Sal. emend., c. 60, 2 et 3.

[3] Lex Ripuar., tit. 55.

tenu de payer à chacun des sept rachimbourgs
600 deniers, ou 15 sous d'or [1]. La constitution
de Chlotaire Ier ordonne que ce recours sera porté
devant le roi, ou, à son défaut, devant l'évêque :
*Si judex aliquem contra legem injuste damnave-
rit, in nostri absentia ab episcopis castigetur* [2]. Il
semble que, par suite de l'influence de la loi romaine, une disposition étrangère aux anciennes
lois germaniques se soit déjà glissée dans cette
constitution ; le jugement du magistrat condamné
doit être cassé par suite de sa condamnation, et il
en sera rendu un autre sur nouvelles plaidoiries :
*Ut quod perpere judicavit versatim melius dis-
cussione habita emendare procuret.* C'est là le
commencement de notre *recours en cassation.*
Pépin le Bref inséra une disposition presque analogue dans ses Capitulaires de Vernes [3], en 755 ; et
de Metz [4], en 757.

La formule *Ego vos tangano*, prononcée par le
plaideur condamné, avait fait appliquer le mot
tanganare à l'emploi de cette sorte de recours.
Nous lisons dans la loi Ripuaire : *Hoc etiam con-
stituimus, ut hominem regium Romanum vel ta-*

---

[1] Lex Sal. emend., c. 60, 4. V. Lex Sal. Cod. Wolfenbüt., c. 59.
Pardessus, p. 184.

[2] Const. Chlotachar. reg. c. 6. *Ap.* Pertz, *Monumenta Germaniæ
historica*, t. III (leg. t. I), p. 2.

[3] Cap. Vern., c. 20, ed. Baluze, t. I, p. 175.

[4] Cap. Met., c. 9 et 10, ed. Baluze, t. I, p. 180.

bularium interpellatum in judicio non tanganaret[1].
Watchter[2] explique ce passage : « Qu'il ne soit
pas tenu au jugement. » Mais nous ne croyons pas
devoir y reconnaître un sens qui serait unique.
Nous pensons que cette expression veut dire que
le Romain, qui est soumis à la loi romaine où il a
l'appel comme recours contre le jugement, et le
tabularius, homme d'Église, soumis par conséquent à la jurisprudence et à la juridiction ecclésiastiques, qui, ainsi que nous allons le voir
tout à l'heure, admettait aussi l'appel; que l'un et
l'autre ne doivent pas employer en leur faveur
contre la décision du juge le mode du *tanganum;*
cette dernière voie de recours reste donc propre au
Franc, à l'*homo Ripuarius*.

On a beaucoup varié d'opinion sur l'origine du
mot *tanganum*. M. Jacob Grimm[3] le tire de *zwan-
gen*, faire violence, presser, en ancien allemand
zanga, et cette étymologie nous paraît certaine.
Dans la loi ripuaire, *tanganum* est plusieurs fois
employé pour désigner la discussion de toute espèce
de procès : *Sine tangano loquatur*, y lisons-nous, ce
que du Cange interprète par *pure*, simplement, sans
autre discussion. *Dominus ejus (servi) in judicio pro
eo interrogatus respondeat et sine tangano loquatur*

[1] Lex Ripuar., tit. 58, § 59.
[2] Lexic. Germ. v° *Tanganare*.
[3] Ant. Jur. Germ., p. 5 et 843.

et dicat : etc[1]. *Servi autem ecclesiarum, non per actores, sed ipsi pro semetipsis in judicio respondeant, et sacramenta absque tangano conjurent*[2] ; et dans un autre endroit, en parlant de l'acheteur qui possède un acte prouvant sa légitime propriété : *Quia dum interpellatur, respondeat ad interrogationes, et sine tangano loquatur et dicat : Non malo ordine, sed per testamentum hoc teneo*[3]. C'est dans ce sens qu'il a laissé notre vieux mot français *tançon* ou *tenson* pour dire un procès, tandis que de *tanganare* dans le sens de sommer, presser, se formait le verbe *tangonner* qu'on trouve dans quelques poëtes du moyen âge.

> Li quens Ugues adont li dux en aresonne :
> « Biau sire, li desirs durement me tangonne
> « Que nos nouvels seigneurs vole porter couronne [4]. »

> S'il ne la conquiere,
> Ki ades le puet tangonner ?
> Ne vol c'on li puist escaper [5].

Nous avons aussi tiré de là, dans le même sens, notre verbe *tancer*. On nous pardonnera cette digression sur le mot *tanganum* : nous rentrons dans notre sujet.

[1] Lex Ripuar., tit. 30.
[2] Lex Ripuar., tit. 58, § 20.
[3] Lex Ripuar., tit. 59, § 8.
[4] *Romans de Charlemaine.* Bibliothèque impériale. Ancien fonds français, MS n° 7188, fol. 25.
[5] Gillica et Williaumes Le Vinier.

V.

Nous venons de voir, dans les lois germaniques, s'effacer l'appel romain, et un nouveau moyen de recours, la *prise à partie*, le remplacer. Mais la forme de l'appel avait été conservée dans une autre juridiction qui venait depuis bien peu d'achever de se constituer : nous voulons parler de la juridiction ecclésiastique. La hiérarchie des divers degrés d'autorité dans l'Église est d'institution divine, et nous la trouvons constituée dès les premiers temps du Christianisme. Mais, de même que ce n'est que peu à peu, par la suite des temps, que les termes pour désigner ces degrés prirent de la fixité et une régularité technique, de même ce n'est que graduellement, par l'expérience et la pratique, que les formes et le système exact de la juridiction ecclésiastique se sont complétement constitués. Nous allons jeter un coup d'œil sur l'établissement des règles de la procédure du droit canon en matière d'appel ; car ce droit conservait l'appel, tandis que le droit germanique et plus tard le droit féodal le supprimaient. La procédure ecclésiastique a beaucoup fourni à la législation moderne.

C'est au premier concile de Nicée (325) qu'on doit

la plus ancienne constitution d'un recours contre les décisions de l'évêque. Le cinquième canon authentique de ce concile ordonne que tous les ans, au carème et à l'automne, les évêques de chaque province tiennent un synode dans lequel ils examinent attentivement les causes de toutes les personnes que chacun d'entre eux individuellement a séparées de la communion de l'Église, confirment cette sentence s'ils la trouvent juste, ou en relèvent ceux qui en ont été l'objet, s'ils trouvent la sentence mal fondée[1]. Il établit donc l'appel des condamnations de l'évêque au concile de la province, pour les faire réformer[2]. La présidence de ce synode était au métropolitain qui devait évoquer l'affaire; et le troisième concile de Constantinople (680) établit clairement que le synode n'était dans ce cas que le conseil du métropolitain, lequel jugeait ainsi l'affaire avec l'avis et le suffrage des évêques de sa province[3].

De la décision du métropolitain et du concile provincial, le cinquième canon du concile d'Antioche (341) autorisait à appeler au patriarche assisté de son synode[4]. Et du patriarche nous voyons ap-

[1] Labb., *Coll. conc.*, t. I, p. 321, 330 et 430. Cf. Thomassin, *Discipl.*, vet. et nov., part. II, l. I, c. xv, 18.

[2] Cf. Augustin., *Epist.*, 226. Concil. Aurelian. III, can. 19. Thomassin, part. II, l. I, c. xvi, 9.

[3] Conc. Constantinop. III, *Epist.* 26. Cf. Thomassin, part. II, l. I, c. xvii, 4.

[4] Thomassin, *ibid.*, c. xv, 17. Cf. Conc. Carthag. II, can 12, et Thomassin, part. II, l. I, c. xvii.

peler au concile général. Mais cet appel n'est porté au concile, qu'en tant qu'il est le synode, le conseil présidé par le souverain Pontife qui forme le plus haut degré de juridiction dans l'Église, au-dessus du patriarche. C'est un appel au pape assisté de son synode. Nous trouvons au concile de Chalcédoine (451) que les suppliques du diacre Théodore et du prêtre Alexandre, déposés par le patriarche hérétique d'Alexandrie, Dioscore, et demandant à être rétablis dans le sacerdoce, ont été adressées *au pape et au concile*[1].

Le concile de Sardique (347) qui n'est, pour ainsi dire, qu'une continuation et une explication des actes de celui de Nicée, avait, du reste, déjà formellement établi l'appel au Pontife romain, et non-seulement dans les cas comme celui que nous venons de citer, mais encore la possibilité d'y appeler de l'évêque directement, au lieu de s'adresser au métropolitain et à son synode[2].

Les évêques d'Afrique essayèrent de se soustraire à l'appel au pape; le quatrième concile de Carthage (398)[3] et le second concile de Milève (398)[4] rendirent des canons dans ce sens, or-

---

[1] Conc. Chalced. Act. 3. V. Thomassin, part. II, l. I, c. xv, 25.

[2] Conc. Sardic. can. 17. V. Thomassin, part. II, l. I, c. xv, 18. Muzzarelli, *De auctorit. Rom. Pontif.*, t. I, p. 151 sq]. Gallenberg, *De appellationibus ad Rom. Pontif.* (Rom. 1768), p. 26 seqq. — Hincmar voulut à tort contester cette doctrine. V. Thomassin, part. II, l. I, c. xvii, 10.

[3] Conc. Carthag. IV, can. 68.

[4] Conc. Milev. II, can. 22. V. Thomassin, part. II, l. I, c. xv, 13, 14.

donnant que l'appel de l'assemblée des évêques provinciaux serait porté, non au pape comme patriarche de l'Église d'Occident, mais à un concile général des évêques d'Afrique et au primat. Mais cette prétention à une sorte d'indépendance ne fut jamais reconnue. Nous la voyons exprimée complétement dans la lettre des évêques d'Afrique au pape Boniface à l'occasion de l'affaire du prêtre Apiarius. Ce prêtre, chargé de l'église de Sicca en Afrique, avait été condamné par un concile provincial et expulsé de sa paroisse[1]. Il avait appelé de ce jugement au pape Zosime, qui l'avait rétabli dans son église. C'est de cela que les évêques d'Afrique se plaignirent très-vivement aux papes Boniface et Célestin, disant que l'appel du jugement d'un évêque devait être porté au concile provincial, et l'appel de ce concile, non pas au souverain Pontife, mais au synode général de l'exarchat d'Afrique[2]. Ils prétendaient se fonder sur le cinquième canon de Nicée. Mais leur prétention était facile à repousser; car, s'ils admettaient l'appel du concile provincial au synode du patriarche ou du primat, ils reconnaissaient nécessairement les canons de Sardique et d'Antioche, qui établissaient formellement l'appel au Pontife romain[3].

[1] Conc. Afric. sub Bonif. et Cælest., can. 90.
[2] Sur les exarchats, V. Phillips, *Droit ecclésiastique*, t. II, p. 51 sqq. trad. Croutet.
[3] V. Thomassin, part. II, l. I, c. xv, 17.

L'appel, d'après un canon du second concile de Carthage (390)[1], était suspensif de l'exécution de la sentence de l'évêque.

Le droit ecclésiastique varia peu depuis cette époque, au moins dans la question qui nous occupe; ses dispositions restèrent à peu près les mêmes pendant toute la durée du moyen âge. Seulement l'usage s'effaça petit à petit d'assembler les conciles pour assister de leurs conseils le métropolitain dans ses jugements. « A la cort de crestienté, disait au xiiie siècle Beaumanoir comparant le droit canon au droit féodal, de quelque juge que ce soit, on pot apeler à l'apostole[2]. Et qui veut, il puet apeler de degré en degré; si comme dou dien[3] à l'evesque, et de l'evesque à l'arcevesque, et de l'arcevesque à l'apostole[4]. » Nous ne suivrons pas plus loin la procédure ecclésiastique. Il nous suffira d'avoir montré qu'elle conserva toujours intact l'usage de l'appel romain; en y introduisant cependant l'application de l'important principe que le jugement présente plus de garanties quand il est rendu par plusieurs hommes qu'il n'en présente quand il émane d'un seul. L'organisation de l'Église vient aussi de nous faire voir la première trace de la

---

[1] Conc. Carth. II, can. 32. V. Thomassin, part. II, l. 1, c. xvii, 3.
[2] Le pape.
[3] Le doyen.
[4] Beaumanoir, c. 61, 63.

constitution d'un appel à deux degrés seulement; mais cette limitation du nombre des recours n'est encore que facultative.

VI.

Le puissant génie qui reconstitua le pouvoir impérial en Occident tendit tous ses efforts vers l'unité de son empire. Il ne dépendit pas de Charlemagne de donner à ses peuples une même législation, et de supprimer le principe de la personnalité des lois barbares. S'il fut obligé de céder, en cela, comme sur beaucoup de points, aux habitudes de ses peuples, sur d'autres il fit de grandes choses, beaucoup plus avancées que son époque, dont quelques-unes sont restées, et dont plusieurs ont disparu avant lui et pendant les désordres de son empire.

Dans la question que nous étudions, nous en avons un exemple remarquable. Nous avons déjà vu plus haut Clotaire I._{er} subir l'influence des lois romaines et introduire dans le droit germanique la réformation du jugement après la condamnation du juge pris à partie, usage dont on ne trouve de traces ni dans la loi Salique, ni dans la loi Ripuaire. Parmi les usages et les priviléges du pouvoir impérial que Charlemagne remit en vigueur en prenant le titre d'empereur, nous devons compter la juridiction d'appel qu'il déléguait à un de ses officiers. Hincmar nous apprend formellement que parmi les offices du *Comes palatii* institué par Charlemagne, était celui de recevoir les appels des jugements des comtes, vicomtes ou centeniers, et de les réformer quand ils étaient injustes, *ut..... perverse judicata ad æquitatis tramitem reduceret* [1]. Voilà un juge d'appel clairement établi dans le sens de la loi romaine; mais la lettre d'Hincmar n'est pas le seul texte qui témoigne de l'influence des lois romaines que Charlemagne tentait d'introduire dans la législation germanique.

La *Lex Alamannorum*, dans l'édition donnée par ordre de Charlemagne, ajoute au chapitre qui permet d'ordonner le combat judiciaire entre l'accusateur et l'accusé dans une cause de crime capital, s'il n'y a pas de témoins [2], une disposition très-curieuse. D'après ce nouvel ordre de la loi, si l'accusateur refuse de se soumettre à un jugement unanime qui repousse son accusation et la déclare injuste, l'appel est porté au roi, *ad regem de hoc judicio appellatio fiat;* seulement il doit fournir au juge qu'il attaque et dont le jugement a été adopté par les autres, tous les frais que né-

---

[1] Hincmar, ep. 5. Histor. de France, t. IX, p. 265.
[2] Lex Alamann. Hlotar., c. 44. Lex Alamann. Lantfr. c. 42.

cessite sa comparution devant le souverain. Là, si
le premier jugement est reconnu injuste, il est réformé; sinon il est confirmé, et l'appelant doit
payer au roi 1800 deniers, et au juge qu'il a attaqué 6o sous d'or, ou sans cela il est condamné à
la perte de la moitié de son alleu[1]. La combinaison de la loi romaine avec la jurisprudence germanique est ici très-remarquable. Nous trouvons
encore la prise à partie Salienne et Ripuaire, puisque le juge doit comparaître avec la partie devant
le roi; mais il n'est plus question d'amende ni
d'aucune autre pénalité pour le mauvais jugement; en outre, comme dans la constitution de
Clotaire, où la punition du juge existait encore,
on voit reparaître le principe romain de la réformation de la sentence par un juge supérieur,
et ici avec le nom romain d'*appellatio*. La pénalité
imposée, si l'appel est mal fondé, présente aussi
le mélange des dispositions germaniques et romaines. L'appelant qui succombe est bien encore
obligé, comme dans la loi Salique, de payer au
juge une certaine somme en compensation de l'offense qu'il lui a faite en l'attaquant; mais en
même temps il doit payer au roi une amende empruntée à la loi romaine, et la confiscation de la

---

[1] Lex Alamann. Karolin, c. 41. Pertz, *leg.*, t. III, p. 148. — Cette
prescription ne se trouve que dans le MS n° 283 de la Bibliothèque de
Vienne, MS H de N. Pertz.

moitié de son alleu, en cas qu'il ne paie pas, rappelle tout à fait les dispositions de Constantin contre les appels téméraires.

Charles le Chauve, dans le Capitulaire ajouté à la loi des Lombards [1], introduisit une nouvelle voie de recours également empruntée à la législation des Romains, la *requête civile* [2]. Toute personne condamnée dans un plaid (*placitum*) peut, d'après ce Capitulaire, y demander qu'on le rejuge; mais s'il succombe encore, il paie une amende de 15 sous d'or ou reçoit 15 coups de la main des juges qui ont décidé l'affaire.

VII.

Les innovations de Charlemagne ne durèrent pas; nous n'en trouvons plus de traces dans la législation féodale. Celle-ci puisa aux sources du droit germanique auquel elle emprunta le *tanganum* contre les juges qui refusent de rendre la justice et contre ceux qui portent une sentence injuste, sous les noms d'*appel de défaute de droit* et

[1] Lib. II, tit. 59.

[2] Sur la requête civile en droit romain, V. l. 75, D, *de judiciis. Tit.*, *et tutor vel curator falsis allegation.*, C. Tit. *et ex falsis instrumentis*, C. L. 18, D, *de exceptionib.* L. 33, D, *de re judicata.* Novell. Justin. 22, Novell. 119.

de *faux jugement*. La législation féodale, formée dans une société violente et toujours armée, exagéra encore le caractère de rudesse des coutumes germaniques. Malgré la loi romaine et les Capitulaires, la preuve par le combat, preuve sans appel, qui remettait le sort des procès au jugement de Dieu et aux hasards d'une lutte armée, avait fini par s'établir dans un grand nombre de circonstances. Le combat fut appliqué dans le cas de prise à partie; et celui qui se prétendait lésé par une sentence, ne dut plus se borner à attaquer son juge devant une autorité supérieure pour le forcer à l'indemniser du dommage qu'il lui avait causé; il dut le provoquer et soutenir son dire les armes à la main. La loi féodale outra l'esprit de la loi germaine qui considérait toujours le juge comme *coupable* du mauvais jugement. Pour elle, il n'y a pas d'erreur de la part du juge, il n'y a que prévention et mauvais vouloir, si la sentence n'est pas juste. Aussi l'appel comporte-t-il toujours « félonie et iniquité [1], » et l'homme qui veut se plaindre de son seigneur doit-il d'abord lui dénoncer qu'il abandonne son fief, avant de l'appeler devant le suzerain et d'offrir les gages de bataille [2]; de même le seigneur renonce à l'hommage s'il appelle son homme devant le comte. C'est pour cette même raison qu'on

[1] Établissements de Saint-Louis, l. II, c. 18.
[2] Beaumanoir, c. 61 et c. 67.

appelait toujours les pairs du tribunal. « Au lieu,
» dit Montesquieu, d'appeler pour faux jugement
» le seigneur qui établissoit et régloit le tribunal,
» on appeloit les pairs qui formoient le tribunal
» mais on évitoit par là le crime de félonie : on
» n'insu... que ses pairs, à qui on pouvoit tou-
» jours faire raison de l'insulte [1]. »

Le livres de Jehan d'Ibelin, de Philippe de Navarre, de Beaumanoir et de Pierre de Fontaines nous
fournissent le moyen de connaître complétement
toute la jurisprudence des appels de faux jugements
et de défaute de droit. Nous allons y jeter un coup
d'œil. Nous étudierons d'abord, dans les jurisconsultes des Assises de Jérusalem, l'esprit et le type
idéal de la législation féodale, qui, sur un terrain
vierge et nouveau, donne un libre essor à son génie
naturel. Puis nous reviendrons aux jurisconsultes
occidentaux, et nous verrons dans le livre du bailli
de Vermandois quelles modifications la pratique
força d'introduire dans la théorie féodale, et quel est
l'esprit nouveau qui se glisse dans la loi à la suite
de ces modifications.

D'après Jehan d'Ibelin [2] et Philippe de Na-

---

[1] *Esprit des Lois*, l. xxviii, c. 27.

[2] Ch. 110. — Jehan d'Ibelin et Philippe de Navarre ont été publiés,
pour la première fois, par M. le comte Beugnot dans sa belle édition des
Assises de Jérusalem. C'est cette édition que nous suivons, ainsi que
celle de Beaumanoir que le même savant a donnée.

varre [1], les deux jurisconsultes d'Orient, celui qui veut fausser la cour « dit que le jugement ou l'es-
» gart ou la conoissance ou le recort que la court
» a fait est faus ou desleaument fait ; » alors tous les hommes de la cour « le doivent desmentir et
» offrir à aleauter de leur cors contre le sien en la
» court. » S'il persiste alors à vouloir la fausser, il doit combattre tous les membres de la cour les uns après les autres, même ceux qui n'étaient pas au jugement, car l'honneur et la honte sont communs à tous les hommes qui font partie d'une même cour, et cour faussée est comme un homme déshonoré qui « ne puet puis garentie porter qui
» seit valable; » « la court faussée ne puet puis
» faire ni esgart ne conoissance ni recors qui seit
» valable. » Celui qui fausse la cour doit donc en combattre tous les pairs l'un après l'autre et cela dans la même journée : « Et se il ne les vainc toz
» en un jour, il deit estre pendu, » dit Jehan d'I-belin. La peine est encore d'une cruauté plus excessive dans Philippe de Navarre : « Il deit aver
» copée la teste, et li deit l'on traire la lengue par
» deriere, et deit estre atachée deriere la teste, et
» sur une lance mise, et un home à cheval la deit
» porter tout le lonc de la ville où le seignor sera,
» et le criour deit crier durant : *Gardés vous de*

---

[1] Ch. 87.

» *dire teil outrage come teil home dist qui apella la*
» *Haute Court de monseignor faux, qui est bone et*
» *leiale : car teil est la justice de monseignor.* »
Mais « se la court fust vencue toute, elle deit estre
» tenue pour fause à tousjors, ne nus ne tendra son
» jugement de qui en avant; » et le dernier vaincu
des pairs de la cour doit avoir la tête tranchée sur
le champ même du combat, la langue arrachée et
coupée en morceaux devant le peuple, « por li et
» por tous les autres lengues de tous ceaus qui firent
» le faus jugement. » Si celui qui a faussé la cour
s'était enfui après avoir donné les gages de bataille,
ses biens devaient être confisqués. Mais avant que
les gages fussent donnés il pouvait se repentir et
« crier merci par treis feis au seignor et à chascun
» de tous ceaus de la court, par non disant tousjors
» que il a menti fausement et que la court est bone
» et leiale; » dans ce cas il peut obtenir le pardon
de l'offense qu'il a faite en faussant le jugement,
mais il doit quitter le pays et perdre son fief un an
et un jour, « et ou pais où il sera, il deit venir en
» la plaine court dou pais et dire et reconoistre
» par treis feis tout ce que li est avenu. »

Mais la partie condamnée a une ressource, c'est
de s'adresser directement à chacun des juges et de
lui demander : « Qui a ce fait? » S'il répond : « Je
l'ai fait, » sans parler de la cour, la partie doit le
provoquer et combattre avec lui sans pour cela

fausser la cour. « Et se celui ou ciaus que l'on ensi
» fausera, ne se defendent et aleautent de leur cors,
» ils sont ataint d'estre faus et desleaus, et ont
» perdu vois et respons en court à tot temps. » Si
plusieurs des juges lui ont répondu : « Je l'ai fait, »
il peut, ou choisir entre eux celui contre qui il
veut combattre ou les combattre tous l'un après
l'autre ; mais, dans ce cas, il doit les avoir tous
vaincus dans la même journée, « et toz ciaus que
» veincra seront penduz ; et il sera pendu, se il est
» veincu. » Avec cette forme, la partie a l'avantage
de pouvoir ne combattre qu'un seul juge, mais
aussi « n'est mie la court faussée, ni ne pert riens
» de son honor et le jugement qu'elle a fait si est
» estable. » On avait, du reste, bien rarement l'occasion d'employer cette forme, car d'ordinaire les
pairs, à la question que leur adressait la partie,
répondaient : « La court l'a fait, » et dès lors il fallait, ou fausser la cour, ce qui était bien grave, ou
se soumettre au jugement.

Telles sont les conditions de l'appel de faux jugement dans les Assises de Jérusalem. Elles étaient
humainement impraticables ; aussi Jehan d'Ibelin
termine-t-il son chapitre sur les moyens de fausser
la cour, par cette conclusion que nous citons tex-
tuellement : « Si ne me semble que nul home, se
» Dieu ne faiseit apertes miracles por lui, qui la
» faussast en son dit, la peust fausser en fait ; et se

» il s'en assaiast, que il peust eschaper d'aveir le
» chief copé ou d'estre pendu par la goulle. Si ne le
» deit nul home qui aime son honor et s'arme[1] en-
» prendre à faire : que qui s'i assaiera à faire le, il
» en mourra de vil mort et de honteuse et vergoi-
» gneuse[2]. »

L'idéal de la jurisprudence féodale amenait donc
à l'impossibilité absolue du recours; on ne pouvait obtenir « se Dieu ne faiseit apertes miracles, »
même la réparation du dommage causé par un jugement, je ne parle pas de la réformation de la sentence que la législation n'admet pas. Mais ces
dispositions excessives étaient par cela même inexé-
cutables, et la pratique avait dû les modifier considérablement pour rendre l'appel possible, et
ouvrir au recours des parties une voie qu'il fût
dans le pouvoir et dans la force humaine de suivre.
Philippe de Beaumanoir et Pierre de Fontaines
vont nous faire connaître les dispositions qui
achevaient de régulariser les appels à main armée;
puis nous y verrons celles qu'on avait introduites
pour diminuer la rigueur des préceptes de la théorie. Enfin les deux baillis de Vermandois nous
apprendront comment, par suite de l'enseigne-

[1] Son âme.
[2] Aucun chevalier ne pouvait appeler de la Cour des Bourgeois sous
peine de mort. En effet, un bourgeois ne pouvant combattre un chevalier, la Cour aurait été exposée sans défense aux insultes de tous ceux
qui auraient voulu la fausser.

ment du droit romain qui prenait chaque jour en France plus d'éclat et de retentissement, l'influence des lois antiques pénétra peu à peu dans la jurisprudence féodale ; ils nous apprendront les innovations qu'elle y fit introduire et comment elle prépara la révolution qui substitua au recours violent contre le juge, le recours régulier et pacifique contre le jugement, tel qu'Auguste l'avait introduit dans la loi romaine.

L'appel devait être fait sur l'heure, au moment même de la prononciation du jugement [1]. « Se il » se part de court sans apeler, dit Beaumanoir, il » pert son apel, et tient li jugement pour bon. » Aussi obligeait-on à rendre le jugement publiquement devant les parties, pour qu'elles pussent appeler, et si on n'avait pas fait ainsi, le jugement devait être prononcé de nouveau, suivant les règles [2]. Tous les juges qui avaient été du jugement devaient être présents quand on le rendait, pour pouvoir ensuivre et répondre affirmativement à celui qui, voulant fausser, leur demandait s'ils ensuivaient, « car en loiauté ne doit point avoir » fuite, ne destorbement [3] : » « Je crois, dit Mon- » tesquieu, que c'est de cette manière de penser » qu'est venu l'usage que l'on suit encore aujour-

<hr>

[1] Beaumanoir, c. 63 ; 61.
[2] Beaumanoir, c. 67, 28.
[3] Fontaines, c. 21, 28.

» d'hui en Angleterre, que tous les jurés soient de
» même avis pour condamner à mort, — Il falloit
» donc se déclarer pour l'avis de la plus grande
» partie ; et s'il y avoit partage, on prononçoit, en
» cas de crime, pour l'accusé ; en cas de dettes,
» pour le débiteur ; en cas d'héritages, pour le dé-
» fendeur [1]. » Un pair ne pouvait pas refuser de
juger, parce que tous les hommes de son seigneur
n'étaient pas au jugement, ni la plus grande partie ou le plus sage. « Car, dit Pierre de Fontaines [2],
» se tu navoies ke quatre homs, si convarroit il ki
» jujassent, ne il n'est nus ki osast dire ke se li
» Sires estoit entrepris en une bataille, ke si homs
» ne li deussent aidier, encore n'i soient ils mie la
» moitié, si sunt il tenu à garder le come leur
» cors. » « Je cite ceci, dit Montesquieu, pour
» faire sentir le devoir des vassaux de combattre
» et juger, et ce devoir étoit même tel, que juger
» c'étoit combattre [3]. »

Nous avons déjà fait remarquer qu'on n'appelait
les hommes de fief pour faux jugement, que pour
éviter d'appeler le seigneur et de lui faire ainsi in-
jure. Mais il pouvait arriver que le seigneur n'eût
point de pairs ou n'en eût pas assez [4]. Dans ce cas,

---

[1] *Esprit des Lois*, l. xxviii, c. 27.
[2] C. 21, 37.
[3] *Esprit des Lois*, l. xxviii, c. 27.
[4] Beaumanoir, c. 62. — Fontaines, c. 22, 3.

il s'adressait à son suzerain, et lui demandait d'emprunter à ses frais, des pairs du suzerain. Si celui-ci refusait, et c'était son droit, le seigneur ne pouvait pas juger seul, et personne n'étant obligé de plaider devant un tribunal où l'on ne pouvait faire jugement, l'affaire était portée à la cour du suzerain [1]. Si ce dernier voulait bien accorder de ses pairs, ceux-ci n'étaient point obligés de juger, s'ils ne le voulaient; ils pouvaient déclarer qu'ils n'étaient venus que pour donner conseil, et alors, le seigneur jugeant et prononçant lui-même la sentence, si on appelait de faux jugement, c'était à lui à soutenir l'appel les armes à la main.

Nous n'exposerons pas ici la manière dont se donnaient les gages de bataille et toutes les règles du combat en lui-même, règles communes à tous les cas où le sort d'un procès était remis au jugement de Dieu. Fontaines, et Beaumanoir surtout, donnent à ce sujet tous les détails désirables, sur les combats en personne et par champions, etc., et Montesquieu a parfaitement résumé ces dispositions dans son *Esprit des Lois* [2]. En cas d'appel de faux jugement, si la partie attendait, pour appeler, que le jugement fût fait et prononcé, nous trouvons encore dans Beaumanoir l'obligation pour elle de combattre l'un après l'autre tous les

[1] Beaumanoir, c. 67, 4.
[2] L. xxviii, c. 24 et 25.

pairs, lorsqu'ils offraient de faire le jugement bon, mais seulement ceux qui avaient pris part au jugement [1]. A côté de cela, pour rendre, dans la pratique, l'appel possible, on avait introduit un moyen dont nous avons rencontré les premières traces dans le livre de Jehan d'Ibelin. Nous y avons vu qu'on pouvait, au lieu de fausser la cour, n'appeler qu'un des juges, s'il disait personnellement avoir fait le jugement; mais, dans ce cas, la sentence demeurait intacte, car elle avait été déjà rendue, et on n'avait pas faussé la cour, par conséquent, sa sentence restait valable et exécutoire. On n'avait donc aucun intérêt à cet appel; mais, dans Beaumanoir, cette disposition s'est modifiée et a changé de caractère. On peut supplier le seigneur, et celui-ci ne doit pas refuser, d'ordonner que chaque pair dise tout haut son avis. Alors, quand le premier a prononcé et que le second va en faire de même, la partie dit au premier juge qu'il est faux, méchant et calomniateur, et c'est contre lui que doit avoir lieu le combat [2]. De cette façon, le jugement n'étant pas encore rendu, la partie n'est pas obligée à fausser la cour, et si le juge est vaincu, nul autre ne peut juger de la même façon, sans être « faus et desleaus » comme

---

[1] Beaumanoir, c. 61.
[2] Beaumanoir, c. 62, 44-47.

lui. Dès lors, l'appelant n'a plus à combattre qu'un seul adversaire et sa victoire devient possible. L'influence du droit romain venait d'introduire dans la juridiction féodale, un principe nouveau et absolument opposé aux Assises de Jérusalem, principe qui portait à faciliter et à multiplier les appels, « et, dit Pierre de Fontaines, le lois escrite[1] » dist moult bien, ke moult est nécessaires li usa- » ges d'apeller; car par che est amendée le félonie » des jugeur et leur non sens[2]. »

Le sort des combattants était très-adouci dans la pratique. Les pairs qui auraient été vaincus ne de- vaient perdre ni la vie, ni les membres, mais seu- lement le droit de juger et une certaine amende[3]; et l'appelant vaincu n'était mis à mort que dans le cas où il s'agissait d'une affaire capitale[4].

L'issue du combat décidait la question relative à la bonté du jugement. Si l'appelant était vaincu, son appel était annulé; s'il était vainqueur, c'était le jugement qui était supprimé ainsi que l'appel, et l'affaire se trouvait dans la même situation qu'a- vant le procès. « De là doit être venue, dit Montes- » quieu, notre manière de prononcer les arrêts : » *La cour met l'appel au néant; la cour met l'ap-*

---

[1] Allusion à la L. 2, D, de app.
[2] Fontaines, c. 22, 7.
[3] Fontaines, c. 22, 7.
[4] Fontaines, c. 21, 11.

» *pel et ce dont a été appelé au néant* [1]. » Du reste, pour être annulé, le jugement n'était pas pour cela réformé, rien n'était décidé sur la question en litige et le procès devait être recommencé sur nouveaux frais. Seulement alors la solution en était remise au jugement de Dieu, et l'appelant, après avoir combattu le juge, devait encore engager la bataille avec l'autre partie.

Avant le combat, il y avait déjà, du reste, de la part du suzerain une espèce de jugement. Il examinait si l'appel devait être admis et s'il y avait lieu à autoriser le combat. Dans certains cas, il devait l'empêcher; par exemple, quand dans la cour on avait souvent jugé de la même manière, et qu'ainsi l'usage était connu, le combat devait être refusé aux parties : « car, dit Beaumanoir [2], s'aucuns apeloit de » jugement qui aparoit estre bons par clere cous- » tume, perix seroit, se li gage estoient soufert, que » le coutume fust corrumpue, si come se li apeleres » vainquoit le bataille [3]. » Les coupables d'homicide, d'empoisonnement, de brigandage, de rapt, de sacrilége, et en général tous ceux qui étaient convaincus, soit par « apertes semblances, » soit par leur aveu, d'un crime qui méritait la mort, ne

[1] *Esprit des Lois*, l. xxviii, c. 33.
[2] C. 61, 80.
[3] Fontaines (c. 22, 24) applique à cette disposition la L. 2, C, *quando proroc. non est nec.*

pouvaient appeler de faux jugement ; car ils auraient toujours appelé, ou pour prolonger leur vie,
ou pour faire leur paix [1]. Celui qui avait « desfail-
» lis par despit » lors du procès, perdait aussi le
droit de fausser le jugement et son appel ne devait
pas être admis [2].

Dans une affaire aussi grave que l'appel tel qu'il
était constitué dans le droit féodal, une affaire dont
les suites pouvaient amener la mort, soit du juge,
soit de l'appelant, les termes à employer étaient sa-
cramentels ; il fallait que les mots « faus et mau-
» ves, » *falsum et pravum*, eussent été prononcés,
sinon l'appel n'était pas valable [3]. Cet emploi nécessaire des formules subsista encore longtemps
après l'époque où l'on décida que le duel ne sui-
vrait plus l'appel, et nous en donnerons des preuves positives dans le cours de ce travail.

Ceux qui avaient appelé de faux jugement devaient bien prendre garde que, l'appel pendant,
ils ne se laissassent juger par ceux de qui ils avaient
appelé, car ç'aurait été une renonciation à leur
appel, « porce qu'il tenroient à bons jugeurs cix

[1] Beaumanoir, c. 61. — Fontaines, c. 22, 21 ; ce dernier applique la L. 2, C, quorum app. non recip.

[2] Fontaines, c. 22, 20 ; qui applique la L. 1, C. quorum app. non recip.

[3] V. Beugnot, dans les *Historiens des Croisades*, Lois, t. I, p. 119, note b.

» de qui il aroient apelé [1]. » Si celui qui avait ainsi appelé avait une nouvelle affaire devant la cour qu'il avait faussée, à l'interrogation du seigneur : « Volés voz oïr droit ? » il devait répondre : « Oil, » par cix qui me poènt et deivent jugier; et je de- » bat que cil ne me jugent pas, qui s'asentirent au » jugement de quoi j'ai apelé; mes si voz avés au- » tres homes, je voil bien avoir droit par eus. » Alors si tous les hommes du seigneur avaient pris part au jugement, la nouvelle affaire était portée à la cour du suzerain à qui l'appel était déjà adressé.

Si quelqu'un disait que le jugement était faux et mauvais, et n'offrait pas de le faire tel, c'est-à-dire de combattre, il était condamné à dix sous d'amende s'il était gentilhomme, et à cinq sous s'il était vilain, pour les paroles outrageantes qu'il avait dites [2].

On ne pouvait fausser les jugements de la cour du roi : « car, dit Montesquieu [3], le roi n'ayant » personne qui lui fût égal, il n'y avoit personne » qui pût l'appeler; et le roi n'ayant point de su- » périeur, il n'y avoit personne à qui l'on pût ap- » peler de sa cour.

» Cette loi fondamentale, nécessaire comme

[1] Beaumanoir, c. 67, 15.
[2] Beaumanoir, c. 61.
[3] *Esprit des Lois*, l. xxviii, c. 27.

» loi politique diminuoit encore, comme loi ci-
» vile, les abus de la pratique judiciaire de ces
» temps-là. Quand un seigneur craignoit qu'on ne
» faussât sa cour, ou croyoit qu'on se présentoit
» pour la fausser, s'il étoit du bien de la justice
» qu'on ne la faussât pas, il pouvoit demander des
» hommes de la cour du roi, dont on ne pouvoit
» fausser le jugement ; et le roi Philippe (Auguste),
» dit de Fontaines, envoya tout son conseil pour
» juger une affaire dans la cour de l'abbé de
» Corbie.

» Mais si le seigneur ne pouvoit avoir des juges
» du roi, il pouvoit mettre sa cour dans celle du
» roi, s'il relevoit nument de lui ; et, s'il y avoit des
» seigneurs intermédiaires, il s'adressoit à son su-
» zerain, allant de seigneur en seigneur jusqu'au
» roi. »

Il y avait un cas surtout où l'on employait ces
expédients. Le vilain, en règle générale, ne pouvait
pas fausser la cour de son seigneur[1] ; aussi, dit de
Fontaines, « par nostre usage n'a il entre toi et ton
» vilain juge fors Dieu[2]. » Cependant certains vi-
lains, « par chartre ou par usage, » avaient droit
de fausser la cour de leur seigneur, quand même
les hommes qui avaient jugé auraient été cheva-

[1] Fontaines, c. 21, 21 et 22.
[2] C. 21, 8.

liers. Si le combat avait lieu, ce devait être par champions, parce que, les deux parties n'ayant pas le droit de se battre avec les mêmes armes, la lutte n'eût pas été égale [1]. Mais presque toujours, pour éviter le scandale de voir un vilain faussant le jugement et engageant bataille avec un chevalier, « pour oster le deconvenue de la cort, » le seigneur demandait des juges du roi [2].

Voyons maintenant par quels moyens détournés on arrivait à éviter le combat et à faire réformer le jugement par voie pacifique. Jehan d'Ibelin [3] et Philippe de Navarre [4] recommandent aux parties de ne rien faire dans un procès sans mettre leur *retenail*, c'est-à-dire sans faire de réserves pour tout ce qu'elles auraient pu dire, par erreur ou surprise, de contraire à leur cause. Ces réserves suppléaient déjà, sous un certain rapport, à l'appel, car elles fournissaient à la partie condamnée le moyen, non pas de faire réformer le jugement rendu, mais d'obtenir un nouveau jugement, en présentant l'affaire sous un aspect différent. Mais les retenails avaient un grand inconvénient, ils éternisaient les affaires, ôtaient toute certitude aux jugements et empêchaient d'arriver à une solution définitive des

[1] Fontaines, c. 22, 7.
[2] Fontaines, c. 22, 14.
[3] C. 34.
[4] C. 3.

procès en permettant de les renouveler indéfiniment.

Peu à peu la pratique et l'influence du droit romain dont l'enseignement, commencé en France
aux écoles du Bec, se répandait de plus en plus,
introduisirent dans l'usage même de l'appel des
modifications très-importantes. Ces modifications
se glissèrent d'abord subrepticement, d'une manière détournée, pour des cas spéciaux et difficiles,
et peu à peu elles se généralisèrent, préparant l'œuvre que devait achever saint Louis ; absolument
comme à Rome le droit prétorien avait graduellement changé l'ancien droit trop étroit et trop sévère de la loi des Douze-Tables.

Le seigneur qui plaidait à sa cour contre son vassal, et qui y était condamné, pouvait appeler un de
ses hommes de faux jugement. Mais, à cause du
respect que celui-ci devait à son seigneur pour la
foi donnée, et de la bienveillance que le seigneur
devait à son vassal pour la foi reçue, on faisait une
distinction. Ou le seigneur faussait le jugement en
imputant à son homme des prévarications personnelles, en disant : « Voz avés fet le jugement faus
» et malvès comme malvès que voz estes, ou par
» loier, ou par pramesse, ou par malvese autre
» cause. » En ce cas, il attaquait l'honneur de son
vassal, il devait donc y avoir gages de bataille ; et
celui des deux qui était vaincu perdait la vie et les

biens, pour maintenir la paix publique[1]. Ou le seigneur se bornait simplement à fausser le jugement « sans vilain cas » en disant : « Ces jugement » est faus et malvès, et requier l'amendement de le » cort mon seigneur (suzerain). » Alors il offensait sa propre cour et en quelque façon il s'offensait lui-même, et il ne pouvait y avoir gages de bataille. Dans ce cas « li errement sor quoi li jugemens fut » fes deivent estre porté en le cort où li apiax est, » et deivent regarder li home de le cort se li juge- » mens fu bons ou malves, selonc les errements. » S'il est trouvé mauvais, chacun des hommes qui ont pris part au jugement perd le droit de juger et doit payer une amende de 40 livres à son seigneur[2].

Cette voie pacifique d'appel, limitée d'abord à ce cas spécial, s'étendit peu à peu à d'autres, et Beaumanoir[3] disait en général : « Sunt deus manieres » de jugemens fausser, desqueles li uns des apias se » doit demener par gages, quand on ajouste ave- » ques l'apel vilain cas ; l'autre se doit demener » par erremens sor quoi li jugemens fut fes. » Quand c'était un homme de la cour du comte qu'on appelait de faux jugement « sans vilain cas, » celui des pairs qui était appelé avait le choix de

---

[1] En cas de défaite du juge, les autres hommes qui avaient pris part à la sentence, perdaient « le jugier » et devaient payer une amende de 60 liv.

[2] Beaumanoir, c. 67, 7.

[3] C. 67, 8.

faire juger l'affaire par bataille ou par droit. Dans ce dernier cas on remettait en usage la disposition du Capitulaire ajouté à la loi des Lombards, et l'appel etait jugé, non par un tribunal supérieur, mais par la partie de la cour qui n'avait pas pris part au jugement; « car li quens pot bien tenir le cort » de ses homes qui sunt apelé de faus jugement » et fere droit par ses autres homes qui ne s'asen- » tirent pas au jugement [1]. »

VIII.

Quelques mots maintenant sur l'appel de *défaute de droit*. Nous nous en occuperons plus brièvement que de celui de faux jugement; il rentre moins exactement dans notre sujet, mais son étude peut aussi nous présenter de l'intérêt par la manière dont la voie pacifique s'y substitua absolument à la voie violente.

En principe, il eût dû y avoir bataille en cas de défaute de droit, aussi bien qu'en cas de faux juge-ment [2]. Mais, ainsi que le fait remarquer Beauma-manoir [3], dans la pratique, il n'y avait jamais de ba-

[1] Beaumanoir, c. 67, 8.
[2] V. Jehan d'Ibelin, c. 213.
[3] C. 61.

taille. « En voici les raisons, dit Montesquieu. On
» ne pouvoit pas appeler au combat le seigneur
» lui-même, à cause du respect dû à sa personne;
» on ne pouvoit pas appeler les pairs du seigneur,
» par ce que la chose étoit claire, et qu'il n'y avoit
» qu'à compter les jours des ajournements ou des
» autres délais; il n'y avoit point de jugement et on
» ne faussoit que sur un jugement. Enfin le délit
» des pairs offensoit le seigneur comme la partie;
» et il étoit contre l'ordre qu'il y eût un combat en-
» tre le seigneur et ses pairs. Mais, comme devant
» le tribunal suzerain, on prouvoit la défaute par
» témoins, on pouvoit appeler au combat les té-
» moins[2], et par là on n'offensoit ni le seigneur
» ni son tribunal. »

Plusieurs hypothèses pouvaient se présenter
pour le cas d'appel de défaute de droit.

La défaute venait de la part des hommes du seigneur qui avaient différé de rendre la justice, ou
évité de faire le jugement, après les délais passés.
Dans ce cas, c'étaient les pairs qu'on appelait de
défaute de droit devant le suzerain. S'ils succom-
baient, ils payaient une amende à leur seigneur.
Celui-ci ne pouvait porter aucun secours à ses
hommes; mais, au contraire, saisissait leur fief jus-

---

[1] *Esprit des Lois*, l. xxviii, c. 28.
[2] Fontaines, c. 21, 24.

qu'à ce qu'ils lui eussent payé chacun une somme de 60 livres[1].

La défaute venait de la part du seigneur, lorsqu'il n'avait, par exemple, pas assez d'hommes à sa cour pour faire le jugement, ou lorsqu'il n'avait pas assemblé ses hommes; dans ce cas on demandait la défaute devant le suzerain; mais à cause du respect dû au seigneur, on ajournait la partie adverse et non le seigneur[2]. Celui-ci demandait sa cour devant le tribunal suzerain, et s'il gagnait, on lui renvoyait l'affaire et l'appelant lui payait une amende de 60 livres[3]. Mais si la défaute était prouvée, la peine contre lui était de perdre le jugement de la chose contestée qui était jugée au tribunal du suzerain[4].

Quand on plaidait à la cour de son seigneur contre lui, ce qui avait lieu pour les affaires qui concernaient le fief, après avoir laissé passer tous les délais et avant d'appeler de défaute de droit, on sommait le seigneur, « même devant bonnes » gens, » et on le faisait sommer par le suzerain, dont on devait avoir permission[5].

La partie qui n'était ni homme, ni tenant du

[1] Fontaines, c. 21, 32.
[2] Beaumanoir, c. 61.
[3] Fontaines, c. 21, 1 et 9.
[4] Fontaines, c. 21, 34. Cf. l'exemple que cite Montesquieu, *Esprit des Lois*, l. xxviii, c. 28.
[5] Beaumanoir, c. 61, 71.

seigneur dont il appelait de défaute de droit, devait, si son appel n'était pas admis, lui payer 60
livres d'amende. Mais le vassal qui appelait à tort
son seigneur, était condamné à lui payer une
amende à sa volonté. « Les Gantois, dit Montes-
» quieu[1], avoient appelé de défaute de droit le
» comte de Flandre devant le roi, sur ce qu'il avoit
» différé de leur faire rendre jugement en sa cour.
» Il se trouva qu'il avoit pris encore moins de dé-
» lais que n'en donnoit la coutume du pays. Les
» Gantois lui furent renvoyés; il fit saisir de leurs
» biens jusqu'à la valeur de 60000 livres. Ils re-
» vinrent à la cour du roi, pour que cette amende
» fût modérée : il fut décidé que le comte pouvoit
» prendre cette amende, et même plus s'il vouloit.
» Beaumanoir avoit assisté à ces jugements. »

IX.

Dans l'organisation de la justice féodale, le roi
n'était que comme un autre suzerain, présidant
les combats des appels portés à sa cour. Pas plus
qu'un autre, il ne jugeait l'affaire, il ne réformait
la sentence, puisqu'on s'en remettait, pour déci-

[1] *Esprit des Lois*, l. xxviii, c. 28.

der, au sort des armes, au jugement de Dieu. Mais en principe, la royauté n'avait jamais renoncé à son droit de juridiction suprême. Nous avons vu tout à l'heure quelle pente ramenait insensiblement la jurisprudence féodale dans des voies analogues à la jurisprudence romaine. Les rois, de France saisirent l'occasion de ce mouvement pour reprendre leur antique prérogative et établir leur jugement en dernier ressort, par un système régulier de réformation pacifique des sentences.

C'est à Philippe-Auguste qu'appartient l'honneur d'avoir le premier rendu cette noble prérogative au pouvoir royal. Ce rétablissement devait trouver une grande place dans les vues de ce monarque. Charlemagne et ses successeurs, en prenant et reconstruisant pour eux-mêmes la dignité impériale n'avaient jamais abandonné le titre de *Rex Francorum*. Les rois Capétiens se déclaraient, en vertu de ce titre, qu'ils portaient eux aussi, successeurs de Charlemagne, aux droits de son entière autorité, et soutenaient que la plénitude du pouvoir impérial avait passé entre leurs mains. Telle était la doctrine royale, que Philippe-Auguste travailla pendant tout son règne à établir, en fondant l'autorité du pouvoir souverain en France. Dans son plan le droit de juridiction suprême avait une haute importance; il devait donc tâcher de renouveler ce que Charlemagne avait fait sous ce rapport.

C'était un moyen très-puissant pour battre en brèche la féodalité; aussi ne le négligea-t-il pas. Cela nous est attesté par deux chartes de son règne. L'une, datée de 1186 et donnée en faveur de l'abbaye de Figeac, a déjà été publiée depuis longtemps[1], quoique, pour ainsi dire, aucun des auteurs qui ont traité de l'histoire de notre droit ne l'ait citée. Nous y lisons : *Ad hoc addimus et precipimus, ut abbas memorate ecclesie super homines sibi subditos plenariam juridicionem habeat et potestatem, et quod super causis in presencia sua tanquam judicis de jure discussionem habentibus prout judiciarius ordo exegerit, sententiam secun-*

---

[1] *Ordonnances des rois de France*, t. XVI, p. 21. — Nous ne devons pas dissimuler qu'on a élevé des doutes sur l'authenticité de la charte de l'abbaye de Figeac. Voici ce qu'en dit M. Léopold Delisle (*Catalogue des actes de Philippe-Auguste*, introduction, p. XCVIJ): « J'ai considéré » comme suspecte la charte 156. Cette pièce est une confirmation des » priviléges de l'abbaye de Figeac... L'abbé peut prononcer des sentences » *secundum jura legalia vel decretalia*. Il n'est permis à personne d'ap- » peler des jugements rendus par l'abbé à d'autres juges que le roi de » France. Ce sont là des priviléges assez extraordinaires, et la plupart des » phrases de la charte renferment des expressions que je n'ai retrouvées » dans aucun autre acte de Philippe-Auguste. A cela, joignez que l'ab- » baye de Figeac n'a pas manqué de faussaires... Ces considérations réu- » nies m'ont inspiré des doutes très-sérieux sur l'authenticité de la charte » de Philippe-Auguste. Je n'ai pas cependant voulu me prononcer abso- » lument. En effet, les formules finales, la date et les souscriptions des » grands officiers ne donnent aucune prise à la critique. Les formules ini- » tiales sont également bonnes ; on n'y peut reprendre que l'absence » d'invocation. De plus, nous avons de cette charte un exemplaire qui » a été certainement écrit du temps de Philippe le Bel, et nous savons » que Philippe-Auguste exerçait son autorité sur l'abbaye Figeac dès » la première période de son règne. »

dum jura legalia vel decretalia ferat, nullusque a sententia quam abbas in illis causis pronuntiaverit super temporalibus rebus, nisi ad nos vel ad successores nostros Reges Francie appellare presumat.

Le texte de cette charte n'est pas encore très-explicite. Malgré la mention significative des règles du droit romain et du droit canon, *jura legalia vel decretalia*, et quoique la pièce laisse voir la prétention à l'organisation d'un système de juridiction complet et régulier, on pourrait soutenir que le mot *appellare* doit s'entendre ici d'un appel féodal ordinaire de faux jugement. Mais on ne peut plus douter, en lisant la seconde charte, de la nature de ces appels et du rôle qu'y jouait la cour du roi. Cette charte a été découverte aux archives de Beauvais[1] par mon savant ami M. Léopold Delisle, qui en a publié le texte entier sous le n° 2232 dans son *Catalogue des actes de Philippe-Auguste*[2]. En voici le début : *Philippus, Dei gratia rex Francorum. Noverint universi quod, si episcopus Noviomensis habuerit querelam contra communiam vel contra aliquem de communia de querela sua propria, decernimus et volumus ut judicium fiat per liberos homines episcopi, sub hac conditione quod, si judicium illud placuerit communie vel illi de quo conqueritur*

[1] Cartulaire du chapitre de Noyon, f. 119, v°.
[2] P. 523.

episcopus, stabile erit et gratum habebit. Si vero displicuerit, ad nos poterit appellare, et tunc tale judicium tenebunt quale curia nostra eis dixerit.

Pour éviter aux plaideurs les frais extrêmement onéreux qu'il leur fallait faire pour venir devant la cour du roi, la plupart du temps, non pas pour être jugés, mais pour faire décider quels seraient leurs juges ; pour rapprocher en même temps de l'autorité royale, par une intervention protectrice et habituelle, les peuples que le système féodal tenait isolés, Philippe-Auguste, dès les premières années de son règne, créa les grands bailliages. Une ordonnance de 1190[1] acheva d'organiser cette institution, qu'elle montre comme déjà établie. Le but politique pour lequel les grands baillis étaient créés demandait qu'ils fussent tenus dans une dépendance très-étroite de la cour du roi. Aussi dès leur institution, les jugements qu'ils rendaient durent être soumis à l'appel de cette cour, de même qu'ils jugeaient les appels des juridictions royales inférieures[2].

Cependant, sous Philippe-Auguste, ce n'étaient encore que des actes isolés et des dispositions spéciales. C'est à saint Louis qu'appartient la gloire d'avoir enfin écrit dans la loi la suppression de la barbare coutume du combat judiciaire, et d'avoir

[1] *Ordonnances des rois de France*, t. I, p. 28.

[2] V. Pardessus, dans les *Ordonnances des rois de France*, t. XXI, introduction, p. xxxviij.

constitué en France un ordre de justice régulier et conforme aux règles du droit et de l'équité. Entre les grandes œuvres de ce beau et glorieux règne, celle-là est une des plus remarquables; c'est un des plus brillants rayons de l'auréole qui entoure dans l'histoire la figure du saint monarque, le premier législateur de la France.

Saint Louis, dans cette circonstance, comme dans tous les autres actes de son règne, continuait, en l'étendant et la régularisant, l'œuvre de Philippe - Auguste. Développer la plénitude du pouvoir royal et lui rendre tous les anciens droits de la puissance impériale romaine, tel était aussi le but que poursuivait saint Louis; et c'est à ce titre qu'il réclamait la juridiction suprême, qui revenait à sa personne, et qu'il déléguait à sa cour. Sans doute ce principe menait loin, et l'exagération de l'œuvre de saint Louis devait aboutir aux excès de pouvoir de Philippe le Bel; mais au point où l'arrêtait le saint roi, l'augmentation du pouvoir judiciaire du souverain était un immense bienfait, une œuvre de justice et de liberté, qui tirait la France du désordre et de la confusion inhérente au système féodal.

L'article 3o d'une ordonnance de septembre 1254 [1] prévoit un cas dans lequel un plaideur perd le droit d'appel, *beneficium appella-*

---

[1] *Ordonnances,* t. I, p. 65.

tionis amittat. Nous en tirons la preuve que l'usage de l'appel avait continué à s'étendre depuis Philippe-Auguste.

Un mandement royal de 1259 [1], adressé à l'Évêque de Chartres, constate que le comte d'Alençon et d'autres avaient interjeté appel devant la cour du roi, *in curia regis,* d'un jugement de la cour de cet évêque, pour mal jugé, *de judicio pravo et falso.* Le roi lui ordonne de se rendre au parlement de la Chandeleur, accompagné des hommes de sa cour, pour défendre la décision attaquée.

C'est dans l'ordonnance de février 1260 [2] que saint Louis proclama, pour la première fois sous forme de loi, la noble et bienfaisante révolution qu'il venait apporter dans l'exercice de la justice. L'article 8 de cette ordonnance est ainsi conçu; nous en citons le texte même :

« Se aucuns veut fausser jugement ou pais où il
» appartient que jugement soit faussé, il n'i aura
» point de bataille, mès les clains et les respons,
» et les autres destrains de plet [3] seront apportez en
» nostre court, et selon les errements du plet, len
» fera dépécier [4] le jugement, ou tenir, et cil qui
» sera trouvé en son tort, l'amandera selon la Cou-
» tume de le terre. »

[1] Labbe, *Éloges historiques des rois de France,* p. 663.
[2] *Ordonnances,* t. I, p. 87.
[3] Débats du procès.
[4] Casser.

L'article 9 consacrait et érigeait en loi la pratique, en ordonnant que jamais, en cas de défaute
de droit, il ne pourrait y avoir de combat ; « mais,
» disait-il, il convendra que la deffaute soit prou-
» vée par tesmoins, non par bataille. »

Toutefois l'ordonnance de 1260 n'était pas un
établissement royal exécutoire dans tout le royaume, et ne régissait que le domaine royal. Beaumanoir nous l'apprend en parlant des gages de bataille : « car, dit-il, quant li rois Loïs les osta de
» se court, il ne les osta pas des cours à ses ba-
» rons. » Le premier appel qui ait suivi l'ordonnance est enregistré dans les *Olim* [1] ; il est de 1264
et porte sur un jugement émané d'une justice seigneuriale du domaine royal.

Saint Louis renouvela la défense des combats
dans les appels, et régularisa d'une manière complète la législation qu'il créait, dans ses *Établissements ;* ce code de lois, admirable testament
et résumé de l'œuvre de sa vie, qu'il laissa à ses
sujets en 1270, au moment de son départ pour sa
seconde croisade ; comme s'il eût pressenti que la
mort l'attendait sous les murs de Tunis, et comme
s'il eût voulu, avant de quitter la terre, achever de
régler l'ordre et la justice, qu'il avait toute sa vie
travaillé à établir dans son royaume [2]. Nous al-

---

[1] T. I, p. 200, n° x.

[2] Nous n'ignorons pas qu'une opinion qui a aujourd'hui prévalu au-

lons esquisser rapidement le système des appels emprunté en grande partie au droit romain et au droit canon, « par les concordances des lois et » des Canons et des Décrétales[1], » que saint Louis inaugura dans ses *Établissements*.

Le combat judiciaire est aboli dans tous les cas sans exceptions dans les tribunaux du domaine

près d'un très-grand nombre de personnes, considère les *Établissements* comme n'ayant jamais eu force de loi et n'émanant pas de la personne même de saint Louis. On y voit l'œuvre d'un jurisconsulte, qui aurait, à l'époque du saint roi, rédigé ses doctrines sous la forme d'un code de lois apocryphes. Mais, quelle que soit l'autorité des savants qui ont embrassé cette opinion, leurs raisons ne nous ont point convaincu, et nous nous tenons à l'ancienne manière de voir. — La manière dont Beaumanoir cite l'*Établissement-le-Roi* (V. plus loin p. 110) pour une disposition qu'on retrouve dans les *Établissements* me semble faire une allusion directe à ce livre et montrer que de son temps, c'est-à-dire dans le xiii⁰ siècle même, les contemporains le considéraient comme émané de l'autorité royale. Nous ne pouvons d'ailleurs admettre qu'un jurisconsulte ait pu, sans précédents, avoir l'idée de rédiger ainsi un code en forme de loi, ce que n'avait fait aucun de ceux qui étaient venus avant lui. Tandis que plus tard, après que saint Louis eut donné cet exemple si nouveau pour le moyen âge, il est assez naturel qu'un jurisconsulte anglais, Britton, prenant les *Établissements* pour modèle, ait composé une prétendue ordonnance législative et l'ait mise sous le nom du roi Édouard. — Du reste, il nous semble qu'on peut tirer, en faveur de l'opinion que nous soutenons encore, un argument très-puissant de la date attribuée à la Pragmatique-Sanction. Ou cet acte est authentique, ou il est faux. S'il est authentique, la coïncidence des époques est frappante ; la Pragmatique promulguée en 1270 se rattache au grand travail législatif du saint roi. Si, comme nous serions plutôt porté à le croire, la Pragmatique est apocryphe et ne date que de l'assemblée de Bourges en 1432, il devient évident que, deux siècles après saint Louis, on considérait déjà les *Établissements* comme une loi rendue par ce prince, et que pour ce motif on avait placé la prétendue Pragmatique à la même date.

[1] Intitulé des *Établissements*.

royal [1], et dans les cours des barons en cas de faux jugement [2]. Au combat, dans ce genre d'affaires, est substituée la révision et la réformation de la sentence.

On ne peut fausser les jugements rendus par la justice royale, car l'appel et le faussement contiennent félonie et iniquité [3]. Mais on peut demander amendement des jugements rendus dans les cours royales [4], non parce qu'ils sont faussement ou méchamment rendus, mais parce qu'ils apportent préjudice [5]. Cet amendement doit être demandé au tribunal même qui a rendu le jugement. Comme la disposition du Capitulaire de Charles le Chauve ajouté à la Loi des Lombards, et comme l'appel des pairs du comte à sa propre cour que nous avons vus plus haut l'un et l'autre, ce n'est pas proprement un appel, mais bien la *requête civile* de notre jurisprudence moderne. Mais si le bailli refuse de faire l'amendement requis, on peut alors faire appel à la cour du roi [6], en se servant de la voie d'une requête ou supplique au souverain [7].

[1] *Établissements*, l. I, c. 1 et 7 ; l. II, c. 10 et 11.

[2] Sur la conservation du combat que le roi était obligé de laisser dans les cours baronales en tous autres cas, V. *Établissements*, passim.

[3] *Établissements*, l. II, c. 15.

[4] *Établissements*, l. I, c. 78 ; l. II, c. 15.

[5] *Établissements*, l. I, c. 78.

[6] *Établissements*, l. I, c. 78.

[7] *Établissements*, l. II, c. 15 ; où on rappelle les dispositions de la *supplicatio* du droit romain.

Mais, pour les jugements des cours seigneuriales, il en est autrement; le résultat obtenu est le même, seulement il faut procéder par une autre voie. On doit nécessairement fausser les cours des barons, si on veut s'en plaindre. « On demandera peut-être, » dit Montesquieu[1], pourquoi saint Louis ordonna » pour les cours de ses barons une manière de » procéder différente de celle qu'il établissoit dans » les tribunaux de ses domaines : en voici la rai- » son. Saint Louis, statuant pour les cours de ses » domaines, ne fut point gêné dans ses vues; mais » il eut des ménagements à garder avec les sei- » gneurs qui jouissoient de cette ancienne préro- » gative, que les affaires n'étoient jamais tirées de » leurs cours, à moins qu'on ne s'exposât aux » dangers de les fausser. Saint Louis maintint cet » usage de fausser; mais il voulut qu'on pût faus- » ser sans combattre; c'est-à-dire que, pour que » le changement se fît moins sentir, il ôta la chose » et laissa subsister les termes. »

On faussait donc la cour des seigneurs, et la cause était portée au tribunal du roi ou du suzerain, pour y être décidée, non par bataille[2], mais par témoins, suivant la forme de procédure établie pour toutes les causes dans la juridiction royale et exposée aux

---

[1] *Esprit des Lois*, l. xxviii, c. 29.
[2] *Établissements*, l. 1, c. 6 et 67; l. II, c. 15. Beaumanoir, c. 11.

chapitres 1, 2 et 3 du livre Ier des *Établissements*.
Quoique le combat ne suivit plus l'appel, la formule par laquelle on déclarait le jugement « faus
» et malvès, » était encore obligatoire, et si on
voulait appeler simplement, sans faussement, on
n'était point reçu. « Il convient que il die, que le
» jugement est faus, ou autrement il ne seroit pas
» ouï, et selon l'usage de cort laie, s'il appelloit
» son seigneur des choses dessus dites, li Sires en
» auroit le recort de sa court droit fesant [1]. » Nous
voyons dans un procès entre l'abbaye de Font-
Gombaud et la dame de Vierzon, jugé au Parlement
de la Toussaint de 1272 [2], le procureur de cette
dame dire : *Quod abbas et conventus non debe-
bant super hujus appellacione audiri; cum in ipsa
appellacione nullam fecissent penitus mentionem
de* FALSO *seu* PRAVO, *sed simpliciter, non adjectis
his verbis* FALSO ET PRAVO, *seu eorum altero, appellassent.* A quoi le procureur de la partie adverse
appelante répondit : *Quod in sua appellacione
expresserat* FALSUM ET PRAVUM, *vel saltem alterum
eorumdem, et hoc offerebat se probaturum.*

L'appel de faux jugement devait être fait exactement « devant le seigneur de qui on tient le
» cort où li faus jugement fut fes [3]. » Si on avait

---

[1] *Établissements*, l. II, c. 15.

[2] *Les Olim*, t. I, p. 401, n° VI. Cité par M. Beugnot à l'occasion de
Jehan d'Ibelin, p. 119, note b.

[3] Beaumanoir, c. 61, 65. Cf. *Établissements*, l. I, c. 79; l. II, c. 15.

passé un degré de juridiction, l'affaire revenait
au seigneur qui aurait dû la juger en premier recours; « car il convient, dit Beaumanoir, apeler
» de degré en degré, ch'est à dire selonc ce que li
» homages est, du plus bas au plus prochain se-
» gneur après; si comme du prevost au bailli, du
» bailli au Roi, es cors là u prevost et bailli ju-
» gent. » « Mais il n'en est pas ainsi, continue-t-il
» en comparant le droit canonique, à le cort de
» crestienté, qui ne veut, car de quelque juge que
» ce soit, on pot apeler à l'apostole. Et qui veut, il
» puet apeler de degré en degré; si comme dou
» dien à l'evesque, et de l'evesque à l'arcevesque,
» et de l'arcevesque à l'apostole. »

On devait encore appeler au moment même de
la prononciation du jugement, sous peine de perdre son droit d'appel[1]. « Quant aucuns à apelé de
» défaute de droit ou de faus jugement, dit Beau-
» manoir[2], il ne doit pas estre lent de porsivir son
» apel qu'il ne perde par defaute; car quant cil
» qui apele ne porsuit son apel si come il doit, li ju-
» gemens demore bons, et est li apeleres atains de
» faus apel. » Pour éviter ce inconvénient, celui qui
appelait un bailli devant la Cour du Roi devait le
poursuivre au premier parlement après l'appel[3].

[1] *Établissements*, I.
[2] Beaumanoir, c. 61, 66.
[3] *Ibid.*

Celui qui appelait d'un vassal devait le faire ajour-
ner à la première assise de la cour de son suzerain,
de manière que l'ajournement fût au plus à quin-
zaine [1]. Celui qui appelait à une cour inférieure
qui n'avait pas d'assises régulières, devait ajour-
ner son juge dans les 40 jours de son appel [2].
Quand on avait passé un degré de juridiction et
qu'on avait ajourné dans le délai à une cour supérieure à celle où on avait dû plaider, l'affaire
était renvoyée à celle-ci; mais l'intimé ne pouvait
arguer de ce que l'appel venait trop tard devant
cette cour; il suffisait que l'appel eût été porté à
temps devant la cour supérieure [3].

Quand plusieurs personnes étaient ensemble
en cause dans un même procès et qu'elles avaient
eu un jugement entre elles; si une d'elles appelait
seule et gagnait, elle ne gagnait que pour sa part,
et son appel n'avait aucun effet relativement aux
autres [4].

Celui qui appelait de faux jugement « et ne le
» proevet à malvès, » devait payer au seigneur une
amende de 6o livres « à çascun des homes de cix
» qui s'asentirent au jugement, et furent au ju-
» gement rendre. » Les pairs qui n'avaient pas pris

---

[1] Beaumanoir, c. 61, 67.
[2] Ibid.
[3] Beaumanoir, c. 61 68.
[4] Beaumanoir, c. 61, 69.

part au jugement ne recevaient rien, comme de raison, « por ce, dit Beaumanoir, qu'ils furent » hors du peril d'estre apelé en lor persones [1]. »

On a beaucoup discuté la question de savoir si les *Établissements* avaient été faits seulement pour le domaine royal ou pour tout le royaume de France, pour me servir de leurs propres expressions, seulement pour les pays « de l'obéissance le roi, » ou aussi pour les pays « hors l'obéissance le roi. » Nous sommes du dernier sentiment qui nous paraît rendu tout à fait certain par les paroles mêmes de l'intitulé des *Établissements* dans les manuscrits. « Enseignent ces establissements coment tous juges » de court laie deivent oir et jugier et terminer » toutes les querelles qui sont tretiées par devant » eux, et des usages de tout le Royaume et d'An- » jou, et de courts de Baronnie, et des redevances » que li Prince et li Baron ont sur les Chevaliers et » les Gentishommes qui tiennent d'eux. » La royauté n'avait du reste jamais en principe renon- cé à son droit de faire des ordonnances exécutoi- res dans toute la France, et les volontés du roi étaient considérées comme ayant force de loi par tout son royaume.

Mais il y avait loin dans ce temps-là du principe au fait. Le roi ne pouvait faire exécuter avec régula- rité ses réglements que dans ses propres domaines.

[1] Beaumanoir, c. 67, 9.

En dehors, il ne pouvait agir que par voie d'exemple, en faisant désirer aux populations de se rattacher à l'autorité royale pour y jouir d'une justice
plus régulière et mieux administrée. Autrement,
il ne pouvait imposer ses lois aux barons par la
force, et dès lors entre ceux-ci, les uns les accep-
taient, les autres ne les admettaient pas dans leurs
cours. Beaumanoir nous dit que de son temps les
seigneurs pouvaient indifféremment « tenir lor
» cort, s'il lor plest, de cest cas, selonc l'ancienne
» coustume ou selonc l'establissement le Roi ;
» mais se li ples est entamés sor l'establissement
» par le soufrance du segneur, le sires ne le pot
» puis metre à gages, se partie s'en veut aidier. Et
» aussi, se le ples est entamés sor les gages par
» l'ancienne coustume, li sires ne le poet pas ra-
» mener à l'Establissement le Roi, se ce n'est par
» l'accort des deux parties [1]. » Dans le comté de
Clermont, par exemple, qu'habitait le grand
jurisconsulte du xiiie siècle, le comte Robert,
frère de saint Louis, avait adopté la nouvelle pratique introduite par son frère, tandis que ses vassaux, dans leurs cours, se tenaient à l'ancienne.
Ce n'est que par la suite, graduellement, et par la
force des choses, que la jurisprudence des *Établissements* finit par prévaloir partout, et que dans
toutes les cours seigneuriales l'appel romain, réta-

---

[1] Beaumanoir, c. 61, 16.

bli et réformé, remplaça le combat, sorti du principe des anciennes lois germaniques.

Vingt-quatre ans encore après la mort de saint
Louis, au commencement du règne de Philippe le
Bel, l'appel tel que l'avaient organisé l'ordonnance
de 1260 et les *Établissements* n'était pas encore exclusivement en usage même dans la justice royale.
Mon bon et savant ami, M. Léopold Delisle, dont
j'ai déjà en l'occasion de citer plusieurs fois le nom
dans le cours de cette thèse, m'a communiqué les
pièces d'un procès très-curieux débattu en 1294
devant le sénéchal de Beaucaire, et en appel devant
le roi. De ces pièces conservées aujourd'hui à la
Bibliothèque impériale, il résulte que, tandis que
dans le Nord on appelait au parlement royal d'a-
près la règle établie par saint Louis, dans le Midi,
au pays de droit écrit, avant l'ordonnance de 1302,
on employait encore les formes de l'appel à l'empereur, exactement comme elles se trouvent dans
le droit romain. L'appel était bien envoyé à la première tenue de parlement après le jugement, *ad
diem senescallie vestre proximi parlamenti;* mais
il était porté au roi personnellement, lequel nom-
mait des commissaires spéciaux pour juger l'affaire en son nom[1]. J'avais espéré un moment, en

[1] Voici le texte des deux pièces de ce procès.

1.

Bibl. Imp., MS Franç. 10312 A, f. 10.

• Philippus Dei gratia Francorum rex senescallo Bellicadri salutem voyant dans les *Olim* employer pour l'appel deux expressions différentes, *appellare ad regem* ou *appellare ad curiam regis,* que ces diverses manières de dire indiquaient les deux modes de procéder ; mais j'ai dû renoncer à cette conjecture et reconnaître que les deux expressions s'employaient tout à fait indifféremment l'une pour l'autre.

» Cum causa appellationis et recusationis que inter Lapum Richi, Henr
» ricum Jacobi et Catellanum Johannis, ex una parte, et Raymundum
» Juliani, G. de Mora, G. de Calvisione, heredes G. Forretti, G. Sales,
» Raymundum Pauli et G. Juliani, ex altera, vertitur, nos contingat,
» mandamus vobis quatenus dictas partes ajornetis Parisius coram no
» bis seu gentibus nostris ad diem senescallie vestre proximi parla
» menti, processuros in causa appellationis et recusationis predictarum
» prout fuerit rationis, injungentes dictis partibus ut secum deferant ad
» dictam diem omnia acta dicte cause. Attemptata vero post appellatio
» nem et recusationem predictas faciatis ad statum pristinum reduci.
» Actum Parisius die veneris ante festum beate Marie virginis anno Do
» mini M. CC. nonagesimo quarto. »

2.

Ibid., f. 3?.

« Philippus Dei gratia Francorum rex senescallo Bellicadri salutem.
» Significaverunt nobis Raimondus Juliani et G. Mora quod cum ipsi a
» quibusdam sententiis contra ipsos latis in quibusdam causis pecunia
» riis per judicem ordinarium nostre curie Nemausensis pro Lapone
» Richi, Cathalano Johannis et Henrrico Jacobi, ac per predecessorem
» vestrum confirmatis, ad nos appellassent, magister P. de Tornamira,
» judex a nobis datus in dictis appellationum causis, predictas sententias
» ac earum confirmationes finaliter infirmavit, pronunciando bene ap
» pellatum et male judicatum fuisse, ac decernendo attemptata post ap
» pellationes predictas in statum pristinum debere reduci, cumque vos
» differretis dicti magistri Petri sententias hujusmodi executioni mandare,
» magistro Bremundo de Monte Ferrati, legum professori, commisimus
» quod ipse cognosceret et decerneret si predicte sententie dicti magis
» tri P. essent vel non executioni mandande, ita quod vos eidem super
» hoc obediretis. Qui Bremundus de hoc cognoscens sententialiter decre

X.

Maintenant que nous avons vu la révolution accomplie par saint Louis dans la justice de son royaume, l'histoire de l'appel nous présentera désormais moins d'intérêt. Les grands principes sont fixés d'une manière irrévocable; nous ne verrons plus que des modifications dans la pratique, des perfectionnements dans le système et dans l'organisation. Nous examinerons donc beaucoup plus rapidement l'époque qui nous reste à parcourir, nous bornant à signaler les changements les plus importants dans la constitution et la

» predictas sententias executioni fore mandandas. Postea vero vobis
» mandavimus quod secundum dicti Bremundi pronunciationem pro.
» cederetis ad executionem predictam faciendam. Quod cum facere vel-
» letis, pars adversa vobis exhibuit quamdam litteram nostram ultimo
» impetratam non facientem mentionem de predictis processibus judi-
» catis et mandatis, continentem quod ipsa pars adversa appellaverat et
» recusaverat, et quod attemptata post suam appellationem ad statum
» pristinum reducerentur, et pretextu litteré hujusmodi vos supersedis
» tis ab executione predicta, licet a dictis Raimundo et G. de parendo
» juri et judicatum solvi recepissetis fidejussoriam cautionem. Quocirca
» mandamus vobis quatinus si est ita, predicta littera subrepticia impe-
» trata ultimo non obstante, predictarum sententiarum executionem
» quod alias vobis mandavimus faciatis, maxime si pars adversa fidem
» vobis non faciat quod a predictis sententiis dictorum magistrorum
» P. et Bremundi legitime appellaverit, et appellationem suam prose-
» cuta fuerit intra tempus a jure statutum. Actum Parisius die Jovis post
» festum beati Dionysii, anno Domini Mo CCo LXXXX quarto.

procédure des appels, et faisant tous nos efforts pour compenser, par la brièveté, l'aridité de cette partie de notre sujet. Les textes seront désormais beaucoup plus multipliés que pour les époques précédentes. Mais, par suite de cette multiplication même et du nouveau caractère que présentent alors les livres de droit, écrits par des baillis et des procureurs rassemblant leurs souvenirs de greffe et discutant pratique, nous courons le danger de nous perdre dans la multitude des espèces posées, des dispositions spéciales, des solutions de difficultés ; par suite de tout cela nous serons obligé de laisser de côté les détails pour ne pas nous y noyer ; d'ailleurs si nous voulions en entreprendre l'exposition, nous serions exposé à bien des redites, et ce travail finirait par prendre des développements démesurés que l'intérêt du sujet étudié ne justifierait pas.

L'époque qui suit celle de saint Louis mérite cependant encore à un haut degré notre attention. Le xiv° siècle occupe un rang important dans l'histoire de la constitution et de la législation de la France. Il continue l'œuvre du grand siècle qui l'a précédé et accomplit encore des progrès notables dans la voie où la main puissante de Philippe-Auguste et celle de saint Louis ont poussé l'âge qui vient de finir. La monarchie continue à développer de plus en plus son pouvoir et à absorber la féodalité. Certes le xiv° siècle est pour la France un siècle de grands désastres et des noms bien funestes le marquent dans notre histoire; mais, à côté de cela, de vrais progrès, des conquêtes nouvelles sont faites, et laissent une empreinte, sinon très-éclatante, au moins bienfaisante, et d'une utilité incontestable. L'organisation définitive du Parlement, et la première convocation des états généraux inaugurent le nouveau siècle. La charte d'affranchissement de Louis le Hutin proclame les droits imprescriptibles de tous les hommes à la liberté civile. Les démêlés des Valois avec l'Angleterre assurent et raffermissent la nationalité française. L'appel des barons du midi au Parlement de Paris contre le roi d'Angleterre rattache à la France les provinces de la *langue d'oc* et y rétablit désormais indestructible l'influence royale que les Anglais, dans le traité de Bréquigny, avaient voulu en faire disparaître; et c'est ainsi que devient possible le salut de la France dans le siècle suivant. Nous ne parlerons pas de cet *appel* malgré l'immensité de son importance politique. Il ne rentrerait dans notre travail qu'en prenant le mot d'*appel* dans son sens le plus étendu, tel qu'on l'entendait au moyen âge. Nous pourrions cependant, à un certain degré, le réclamer pour notre sujet, puisque nous y avons compris l'*appel de défaute de droit*. La distinction entre la justice et l'administration, dans la consti-

tution du moyen âge, est presque impossible à établir, et il est difficile, dans le droit politique de
cette époque, de marquer la différence entre la
défaute de droit ou la mauvaise justice, et le mauvais
gouvernement, ou, si l'on nous permettait de for-
ger cette expression, la *défaute de droit politique*.

Le xiv⁰ siècle présente aussi un caractère très-
remarquable dans l'histoire de la jurisprudence
française, caractère qui intéresse particulièrement
le sujet de notre étude. Je veux parler de la continuation de l'œuvre du xiii⁰ siècle par le progrès de
la substitution de la juridiction des baillis royaux
au pouvoir judiciaire des seigneurs. Dégoûtée par
les empiétements de l'autorité royale, par les en-
traves détournées que celle-ci met à l'exercice de
son ancien droit de juridiction, la noblesse déserte
la chaise curule illustrée par les Jehan d'Ibelin et
les Philippe de Navarre. La royauté profite de cet
abandon qu'elle a causé et provoqué, et les justices
royales croissent à mesure que celles des seigneurs
diminuent. L'exercice des fonctions judiciaires
passe aux mains des bourgeois sous l'autorité
royale, et une nouvelle noblesse se fonde sur le
siége des magistrats. Tel est le caractère du
xiv⁰ siècle dans l'histoire du droit en France; nous
le retrouvons dans tous les actes de cette époque
et nous allons le voir clairement marqué dans les
matières qui font l'objet de cette thèse.

Depuis les Établissements de Saint-Louis, nous ne trouvons guères d'actes du pouvoir royal relatifs à l'organisation des appels, avant la grande Ordonnance de réformation donnée par Philippe le Be le 25 mars 1302[1], à la suite et sous l'influence des etats généraux. L'article 12 de cette ordonnance établit de nouveau le caractère fixe et irrévocable de chose jugée qui appartient aux arrêts du Parlement et à ceux du Conseil du roi, désormais distincts l'un de l'autre. Mais en même temps cet article prévoit le cas où les arrêts de ces deux juridictions souveraines seront, ou le résultat d'une erreur décisive qu'il est juste de réparer, ou contraires aux lois dont il n'est jamais permis aux magistrats de méconnaître l'autorité. Dans l'un ou l'autre cas, il faut distinguer par qui l'arrêt a été rendu. Si c'est par le Conseil du roi dans l'exercice de sa juridiction de contentieux administratif, à ce même Conseil appartient de statuer, d'après l'ordonnance de 1302; et c'est encore le même principe qui, maintenu jusqu'à nos jours, a été remis en vigueur par les articles 22 et 24 du décret du 22 juillet 1806. Si l'arrêt, au contraire, a été rendu par le Parlement, quand une erreur de fait est alléguée, le demandeur doit la proposer par une requête présentée au roi qui la fait exami-

---

[1] *Ordonnances*, t. I, p. 351.

ner dans son Conseil. Ce Conseil déclarant que les allégations paraissent bien fondées, des lettres délivrées au nom du roi doivent mander au Parlement de reviser son arrêt en instruisant de nouveau la cause. La disposition que nous venons d'exposer, et dont le résultat est analogue à *la requête civile* de notre législation actuelle, est confirmée par une ordonnance de Charles le Bel qui ne nous est pas parvenue[1] et deux autres de Philippe de Valois rendues en 1331[2] et 1344[3]. Quand c'est une violation de la loi qui est alléguée contre l'arrêt du Parlement, le roi, législateur suprême et essentiellement conservateur de l'intégrité des lois, prononce la cassation de l'arrêt dans son Conseil et donne d'autres juges aux parties. Voilà la première institution des voies de cassation. La distinction du recours pour le droit et du recours pour le fait constituait un progrès considérable, et par là l'ordonnance de 1302 était un bienfait. Mais cette institution avait aussi ses vices, elle ouvrait une porte à l'arbitraire et devait amener de nombreux conflits entre l'autorité du Parlement et celle du Conseil du roi.

Deux ordonnances de 1318[4] et 1319[5], et sur-

[1] Citée dans l'ordon. de 1331. V. Pardessus, dans les *Ordonnances*, t. XXI, introduction, p. lxxij.
[2] *Ordonnances*, t. II, p. 80.
[3] *Ordonnances*, t. II, p. 210.
[4] *Ordonnances*, t. I, p. 673.
[5] *Ordonnances*, t. I, p. 702.

tout la grande ordonnance de décembre 1320 [1], qui résuma et compléta les deux précédentes, furent rendues par Philippe le Long pour organiser le Parlement d'une manière définitive. Les bases de cette organisation, sauf quelques modifications qu'amena l'expérience, reproduites et rappelées dans les ordonnances de Charles VII de 1453 [2], ont subsisté jusqu'en 1789. Le Parlement fut divisé par les ordonnances de Philippe le Long en trois chambres, *chambre des plets* ou grand'chambre, chambre des enquêtes et chambre des requêtes. Parmi les offices de cette dernière chambre, l'article 7 de l'ordonnance de novembre 1318 place les délivrances de *lettres de justice* par lesquelles, en cas d'appel, les juges et la partie qui avait gagné sa cause étaient intimés; car l'usage s'était maintenu de faire comparaître les premiers juges à l'appel [3], par tradition et souvenir du temps où l'on faussait le jugement et où le juge était pris à partie. Ces lettres de justice n'étaient pas délivrées sans vérification préalable : il fallait que celui qui les demandait prouvât, à l'appui de sa requête, qu'il avait déclaré son appel dans le délai fixé par la loi ou par la coutume. L'adversaire avait le droit de s'opposer à la délivrance des lettres, en faisant valoir

[1] *Ordonnances*, t. I, p. 727.
[2] *Ordonnances*, t. XIV, p. 216-28.
[3] V. Boutillier *La Somme rurale*.

des causes de déchéance de l'appel; en ce cas les
gens des requêtes étaient obligés à « oir les parties
» à la fin se ils donront lettres de justice ou non. »
L'article 3 de la troisième section de l'ordonnance
de 1320 porte que si quelque difficulté survenue
« empêchait qu'ilz ne pussent bonement despechier
» les parties, » ils devaient en parler aux gens de la
grand'chambre après l'audience, ou même pendant
l'audience si une délibération étendue paraissait
nécessaire. « C'est probablement à cet usage, dit
» M. Pardessus [1], qu'on peut rattacher diverses no-
» tices contenues dans un manuscrit auquel
» M. Beugnot [2] donna le nom de *Mémorial*. D'a-
» près les extraits que ce savant en a publiés, on
» voit qu'après avoir entendu les parties, la cour
» ordonna que l'appel fût examiné et jugé, *curia*
» *præcepit ut appellatio... videatur et judicetur.*
» On peut aussi conclure d'un arrêt rendu en 1316,
» le mardi après les fêtes de la Pentecôte [3], qu'il en
» trait dans les attributions de la chambre des re-
» quêtes de statuer sur des conflits de juridiction
» entre les tribunaux inférieurs, mais que la partie
» mécontente de la décision pouvait la déférer à
» la grand'chambre qui jugeait souverainement. »
  Tel qu'il avait été créé par Philippe-Auguste et

[1] Dans les *Ordonnances*, t. XXI, introduction, lxxviij.
[2] *Olim*, t. II, p. 888.
[3] *Olim*, t. II, pp. 624 sqq.

surtout par saint Louis, tel que Philippe le Long achevait de l'organiser, le Parlement était unique; c'était l'ancienne cour féodale du roi rendue permanente et investie d'une juridiction suprême bien réglée. Le Parlement était supérieur à toutes les autres justices et en recevait l'appel en dernier ressort. L'échiquier de Normandie [1] maintenu à la suite de la réunion du duché à la couronne, les grands jours de Champagne [2], la commission envoyée tous les ans par le roi à Toulouse[3] : en un mot, toutes les juridictions du premier ordre étaient soumises à l'appel au Parlement. L'ordonnance du 25 mars 1302 avait bien annoncé qu'un parlement serait établi à Toulouse, démembrement du Parlement royal de Paris, qui jugerait en dernier ressort les causes des provinces du midi et dont les arrêts ne seraient pas susceptibles d'appel. Mais cette disposition ne fut pas mise à exécution, soit que les populations méridionales préférassent la garantie de deux degrés de juridiction au sommet, au seul degré d'un parlement local, soit plutôt que le roi eût mieux aimé par ce moyen les tenir plus étroitement dans la dépendance de Paris; et l'article 27 de l'ordonnance sans date de 1302[4], qui, selon

[1] V. Pardessus, dans les *Ordonnances*, t. XXI, introduction, p. lx.

[2] *Ibid.*, p. lxj.

[3] Ordonnance de Philippe le Hardi du 18 janvier 1279. *Ordonnances*, t. XII, p. 323. V. Pardessus, *op. cit.*, p. lxij.

[4] *Ordonnances*, t. I, p. 351.

Bréquigny, intervint pour l'exécution de celle du
25 mars, rétablit l'ancien état de choses. — Les
appels des justices des grands vassaux ressortissaient aussi au Parlement Les ordonnances de
décembre 1275 [1], février 1296 [2] et celle du
19 mars 1302 [3] l'établissent d'une manière positive pour le duc de Bretagne. Saint Louis, lorsqu'en 1269 il inféoda de nouveau la Guienne à
Henri III, d'Angleterre, ne le fit qu'à la condition
expresse du ressort [4]. Le chapitre 43 des vieilles
Coutumes de Champagne [5] rapporte un arrêt rendu
en 1278 à la cour du roi, à Paris, au sujet d'un
appel dans un procès jugé en Champagne. L'appel
du comté de Champagne était donc porté à Paris
avant que cette province ne passât sous l'administration royale, ce qui n'eut lieu qu'en 1285.
Quant à la Bourgogne, quoiqu'on n'ait pas de
textes bien anciens, l'analogie, et d'autres preuves
encore, font voir que certainement ce grand fief
devait être pour la juridiction dans la même situation que les autres [6].

Tandis que les premiers successeurs de saint

---

[1] *Ordonnances*, t. XI, p. 352.
[2] *Ordonnances*, t. I, p. 329.
[3] *Ordonnances*, t. I, p. 369 et t. II, p. 500.
[4] V. Pardessus, dans les *Ordonnances*, t. XXI, introduction, p. xlij.
[5] Le Grand, *Coutumes du bailliage de Troyes*, IIe partie, p. 354.
[6] V. Pardessus, dans les *Ordonnances*, t. XXI, introduction, p. xliij.

Louis réglaient et augmentaient encore le pouvoir de leur justice suprême, de leur Parlement, ils ébranlaient dans les degrés inférieurs le pouvoir de la juridiction seigneuriale et s'efforçaient d'amener les barons à y renoncer au profit des magistrats royaux. Un des principaux moyens qu'ils prirent dans cette intention se rattache à notre sujet, et mérite que nous nous y arrêtions. Par suite de l'usage des appels, l'habitude s'était introduite de ce que l'on appelait les *appeaux* (appels) *volages*. Dès le moment où l'instance était engagée, quand on croyait avoir raison de se défier de la partialité du juge, on interjetait appel, et l'affaire était portée au juge supérieur. Par ce moyen, on arrivait à retirer les procès des mains des seigneurs premiers juges, et à dégoûter ceux-ci d'exercer un droit devenu illusoire, puisque les appels volages leur en enlevaient le jugement. Cet usage était surtout répandu dans le Laonnais et le Vermandois. Quoiqu'on n'en trouve aucune trace, ni dans Fontaines, ni dans Beaumanoir, tout me semble prouver qu'il avait été autorisé par saint Louis. Un an après l'avénement de Philippe le Hardi, au parlement de la Pentecôte en 1271, ce genre d'appel était admis sous le nom d'*appellaciones Laudunenses*[1]. Il fut interdit après,

[1] Les Olim, t. I, p. 813.

par une ordonnance dont nous ne possédons plus le texte et dont la date nous est inconnue, mais que nous croyons devoir rattacher à l'époque où l'influence des barons réagit contre les institutions de saint Louis, sous Philippe le Hardi. Une ordonnance de Philippe le Bel en 1296 [1] rétablit les *appeaux volages* et décida que la connaissance en appartiendrait à la justice royale. Plus tard et peu à peu, les rois affranchirent de ces appels les justices des localités où ils étaient en usage. Mais jamais ils ne furent formellement abolis par une ordonnance générale; on ne les supprima que successivement, quand le résultat auquel tendait leur institution eut été obtenu. Le premier roi qui ait prononcé une suppression d'appels volages est Philippe de Valois, qui, par ordonnance du 27 novembre 1332 [2], les abolit dans tout le Laonnais. Il semble qu'en cela il ait agi pour se concilier la noblesse, qu'il avait besoin de rattacher à sa cause, lors de son avénement à la couronne. Mais, dans beaucoup de localités, les appels volages subsistèrent encore longtemps après lui, puisque nous en rencontrons encore des suppressions dans tout le reste du xive siècle et au commencement du xve [3]. Ce n'est qu'en 1407 que

---

[1] *Ordonnances*, t. I, p. 328.
[2] *Ordonnances*, t. IX, p. 209.
[3] Voici la liste par ordre chronologique des ordonnances ou lettres pa-

nous voyons autoriser certains seigneurs à imposer une amende à ceux qui interjetteraient de ces
sortes d'appel après leur suppression [1].

Dans le cours du xive siècle, au milieu de l'a-
bandon et de la destruction progressive des justices
féodales, nous voyons quelquefois les rois accorder à certains seigneurs, que dans une circonstance
donnée ils avaient à gagner ou à ménager, le droit
d'avoir dans leurs possessions double degré de juri-

tentes portant suppression d'appels volages dans diverses localités, que
nous trouvons dans le recueil des *Ordonnances.*

1332. — Août ; t. II, p. 81.
1335. — Juillet ; t. II, p. 25.
1367. — Juillet ; t. V, p. 79. — Janvier ; t. V, p. 93.
1369. — Décembre ; t. V, p. 218.
1372. — 23 avril ; t. V, p. 170. — Avril, t. V, p. 720.
1373. — Août ; t. V, p. 635.
1374. — Mai ; t. VII, p. 11. — Décembre ; t. VI, p. 84. — Décembre ;
    t. VI, p. 86. — Mars ; t. VI, p. 101.
1375. — Août ; t. VI, p. 144.
1378. — Septembre ; t. VI, p. 349. — Septembre ; t. VII, p. 215. —
    Janvier, t. VI, p. 371.
1380. — Avril, t. VI, p. 475. — Août ; t. VI, p. 489.
1381. — Février ; t. VI, p. 642.
1382. — Septembre ; t. VI, p. 687.
1386. — Juillet ; t. VII, p. 119.
1388. — Mai ; t. VII, p. 189. — Décembre ; t. VII, p. 215.
1393. — Novembre ; t. VII, p. 586.
1395. — Septembre ; t. VIII, p. 21. — Décembre ; t. VIII, p. 26. —
    Janvier ; t. VIII, p. 56.
1398. — Juillet ; t. VIII, p. 273.
1402. — Novembre ; t. VIII, p. 517. — Janvier ; t. VIII, p. 556.
1407. — Juin ; t. IX, p. 246.
1408. — Septembre ; t. IX, p. 371.
1413. — Mai ; t. X, p. 144.
[1] *Ordonnances,* t. IX, p. 208.

diction, toujours avec appel à la justice royale. Des lettres du 1er juillet 1338 [1] déclarèrent qu'il fallait une autorisation du roi pour posséder ces deux degrés de juridiction, qui furent concédés successivement à des seigneurs du midi, Guy de Comminges [2], le comte de Pardiac [3], le comte de Périgord [4], le sire de Sévérac [5], le vicomte de Turenne [6] et le comte de Ventadour [7].

Enregistrons encore une ordonnance du 14 août 1374 [8], renouvelant une disposition du droit romain par laquelle les parties doivent présenter, avec l'acte de leur appel, un autre acte contenant les motifs de la sentence des premiers juges; et des lettres patentes du 10 décembre 1392 [9], portant que, lorsqu'un procureur du roi sera appelant d'une sentence, le juge qui l'aura rendue donnera, s'il en est requis par l'appelant, les ajournements nécessaires pour procéder sur l'appel au Parlement, même pendant la séance durant le cours de laquelle l'ajournement aura été donné.

Nous venons de signaler les ordonnances royales

[1] *Ordonnances*, t. II, p. 19.
[2] Septembre 1346 et décembre 1366 ; t. IV, p. 597.
[3] Février 1346 et 6 septembre 1367 ; t. V, p. 70.
[4] Janvier 1353 ; t. IV, p. 276. — Août 1356 ; t. IV, p. 351.
[5] Janvier 1369 et janvier 1375 ; t. VI, p. 169.
[6] Décembre 1350 et 9 septembre 1374 ; t. VI, p. 35.
[7] 28 janvier 1350 ; t. IV, p. 28.
[8] *Ordonnances*, t. VI, p. 23.
[9] *Ordonnances*, t. VII, p. 523.

les plus importantes, qui, dans le xiv⁰ siècle, se rapportent au jugement des appels. Il en existe un bien
plus grand nombre que nous avons dû négliger.
Nous aurions pu avec ces ordonnances d'une main,
et les *Olim* de l'autre, suivre pas à pas, pour ainsi
dire jour par jour, tous les progrès dans les petits
détails de la procédure. Mais nous aimons mieux,
et nous croyons plus utile, au lieu de nous arrêter à ces minuties, de prendre, dans un des jurisconsultes de la fin du xiv⁰ siècle, le tableau de la
jurisprudence d'appel, et de voir ainsi à quel point
on en était arrivé avant la dissolution du Parlement
par Isabeau de Bavière. Pour cela, nous choisirons,
préférablement aux autres livres de la même époque, à la *Practica forensis* de Masuer et aux *Décisions* de Jean Desmares, le plus remarquable de
tous, l'ouvrage du bailli de Tournay que l'on a
appelé, peut-être avec un peu d'exagération, le
Pothier du xiv⁰ siècle ; la *Somme rurale* de Jean
Boutillier.

Le titre 14 du livre II de la *Somme rurale* est consacré à l'exposé des appels. Pas plus que dans les
ordonnances de Philippe le Bel et de ses successeurs,
nous n'y trouvons de traces de la différence toute
nominale constituée par les Établissements, entre
les appels de la justice royale et de la justice seigneuriale, le faux jugement et la supplication. Toute
différence a disparu ; la voie de recours est la même,

aussi bien de nom que de fait. Pour l'une et l'autre justice c'est l'appel, tout à fait analogue, au moins dans l'esprit, sinon dans toutes les dispositions, à celui du droit romain.

Boutillier reconnaît trois espèces d'appels : 1°, l'appel volage dont nous avons parlé tout à l'heure et dont il dispose les règles ; 2°, l'appel « de grief ad-» uenir, que les clercs disent *de futuro gravamine.* » Cette sorte d'appel n'est absolument mentionnée que dans la *Somme rurale.* (N'était-ce pas quelque action en réglement de juges, quand on craignait que celui qui devait régulièrement juger ne fût partial et mal disposé ? Le résultat de cet appel aurait alors été environ le même que celui de l'appel volage. Nous ne donnons cette conjecture que pour ce qu'elle vaut ; mais elle nous paraît le seul moyen de concilier ce nom de *grief aduenir* avec les principes énoncés par le même Boutillier.) 3°, Enfin l'appel de la sentence donnée par le juge.

Dans Boutillier, pour ce dernier appel, quand on a assisté à l'audience, il faut encore l'interjeter immédiatement, mais déjà des délais sont accordés pour les parties qui n'ont pu se trouver au prononcé du jugement.

En règle générale, l'appel est toujours suspensif. Cependant on fait exception pour les opérations des commissions d'enquête déléguées par le Parlement ; « car, dit Boutillier, de non plus que de nos

» seigneurs du Parlement on ne peut appeller, si
» ne fait-on de commissaire par eux commis. »
Une ordonnance du 12 novembre 1384[1] préscrivait
aussi que l'appel interjeté d'une saisie faite en vertu
d'un titre passé sous scel royal, ne ferait point surseoir à la poursuite, à moins que le débiteur ne con-
signât la somme pour laquelle cette saisie était faite.
Des lettres patentes du 24 octobre 1390[2], confir-
mées et développées par d'autres lettres du 24 février 1391[3], portaient que les exécutions des biens
de tous ceux, en général, qui étaient débiteurs du
roi, ne seraient point suspendues par l'appel qu'ils
interjetteraient de ces exécutions.

Boutillier nous apprend qu'il y avait deux genres
de procédure pour les appels. L'une se faisait par
voie écrite ; les parties rédigeaient les moyens dont
elles avaient fait usage en première instance ; ces mémoires étaient scellés devant le juge et envoyés au
tribunal supérieur. L'autre se faisait par plaidoiries d'avocat. Dans la première manière, la pro-
duction de nouveaux moyens était interdite ; dans
la seconde, les parties pouvaient en appel faire valoir tous les moyens qu'elles voulaient, même nouveaux. Aussi Boutillier donne-t-il la préférence à
la première forme.

[1] Ordonnances, t. VII, p. 93.
[2] Ordonnances, t. VII, p. 370.
[3] Ordonnances, t. VII, p. 451.

Enfin, celui qui avait appelé d'un jugement pouvait, s'il reconnaissait qu'il avait agi trop vite et sans réflexion, dans un délai de huit ou dix jours, selon les pays et les circonstances, se désister de son appel.

XI.

Lorsque le Parlement de Paris eut été dissous en 1417 par Isabeau de Bavière[1], qu'un parlement irrégulier et illégal eut été installé à sa place sous la domination anglaise[2], Charles VII, retiré derrière la Loire, transporta son parlement à Poitiers. Pour récompenser les provinces du midi dont la fidélité restait inébranlable, le roi leur accorda, par lettres patentes du 20 mars 1419[3], un parlement siégeant à Toulouse, lequel fut organisé par deux ordonnances du 6 novembre 1421[4]. Supprimé un instant en 1428[5], le parlement de Toulouse fut rétabli par lettres du 30 janvier 1437[6]

[1] V. *Ordonnances*, t. X, p. 430.
[2] *Ordonnances*, t. X, p. 459.
[3] *Ordonnances*, t. XI, p. 59.
[4] *Ordonnances*, t. XI, p. 137 et 138.
[5] *Ordonnances*, t. XIII, p. 140.
[6] *Ordonnances*, t. XIII, p. 231.

et du 11 octobre 1443 [1]. D'autres lettres du 14 novembre 1454 [2] maintinrent le principe de l'unité du parlement en France, en déclarant que le parlement de Toulouse n'était qu'un démembrement de celui de Paris et que les membres des deux cours auraient droit de séance réciproque l'une chez l'autre. La création de ce nouveau parlement retirait les appels du Languedoc et de la Guienne du ressort du Parlement de Paris.

Rentré en possession de sa capitale, Charles VII en réorganisa le Parlement. Cette réorganisation eut lieu par diverses ordonnances du mois d'avril 1453 [3], et une autre ordonnance sans date de la même année régla [4] la procédure et la juridiction du Parlement. Nous allons examiner les articles de cette ordonnance qui se rapportent aux appels. Mais nous le ferons rapidement, car l'ordonnance de 1453, qui resta la base de l'organisation des parlements jusqu'en 1789, ne fit guères, dans le sujet qui nous occupe, que renouveler des dispositions antérieures.

L'article 8 déclare que tous les appels ressortissent au Parlement. L'article 9 ordonne que, si on appelle directement au Parlement, en passant

---

[1] *Ordonnances*, t. XIII, p. 384.
[2] *Ordonnances*, t. XIII, p. 332.
[3] *Ordonnances*, t. XIV, p. 276 sqq.
[4] *Ordonnances*, t. XIV, p. 281 sqq.

un degré intermédiaire de juridiction, l'affaire soit renvoyée au *juge moyen* pour qu'il se prononce d'abord : cette disposition est reproduite des Établissements de saint Louis. « Il nous plaist toutes » foys et nous voulons, ajoute cependant l'ordon- » nance, que les gens tenans nostredict Parlement, » puissent telles causes retenir par devers eulx, s'ils » voyent que la matière de la cause le requière, et » sur ce en chargeons leurs consciences. »

Art. 10. « S'il y a attemptat contre aucune cause » d'appel relevée en nostre dicte court de Parle- » ment, » le jugement en appartient au Parlement. — S'il y a eu fausse accusation d'*attemptat*, le procureur et la partie qui a ajourné pour cela, doivent payer une amende.

Art. 11 et 12. Tous jugements sont exécutoires nonobstant les appels contre leur exécution. Le jugement de ces derniers appels appartient aux juges qui ont rendu la sentence. — Les appels d'exécution de saisine ne sont pas suspensifs. Le jugement en appartient au premier juge. Adressés au Parlement, ils doivent être immédiatement renvoyés au juge.

Art. 13 et 14. Le criminel doit être arrêté nonobstant l'appel qu'il pourrait interjeter contre son arrestation. Le juge devant qui il est amené, juge cet appel. — Quand pour un crime il n'y a pas

arrestation, mais simple ajournement, l'ajournement doit être fait nonobstant l'appel sur lequel le
juge statuera en même temps qu'il jugera la cause.
— Ces deux dispositions ont été établies, dit
l'ordonnance, « voulans obvier à telles fraudes
» et abuz..... par lesquels plusieurs par frivoles
» appellations s'efforcent d'éviter les corrections
» et punitions des crimes par eux commis, et ap-
» pellent des exécuteurs de noz lettres et des autres
» justiciers de notre royaume. »

Art. 15. Si les appels des jugements des officiers
royaux ne sont relevés au Parlement dans les trois
mois de la prononciation de la sentence, elle est
exécutoire et le droit d'appel périmé.

Art. 16. L'appelant peut, dans les huit jours,
se désister de son appel entre les mains du juge
dont il voulait appeler, ou de son greffier.

Art. 17. Les juges doivent rédiger leurs sentences par écrit avant de les prononcer, afin de ne
plus avoir la possibilité de les modifier comme ils
faisaient quelquefois après l'appel, pour faire perdre la partie appelante et éviter l'humiliation de
voir leur jugement réformé.

XII.

L'ordonnance de 1453 resta le réglement fondamental de la procédure des parlements. L'époque
qui s'étend de Charles VII à Louis XIV est, de toutes, celle qui, dans notre matière, présente le moins
d'intérêt; c'est pourquoi nous la parcourrons rapidement et sans nous arrêter aux détails. Le caractère général qu'elle présente à un regard d'ensemble, est beaucoup moins brillant que celui des
époques qui l'ont précédée. La procédure d'appel,
déjà si perfectionnée aux xiii° et xiv° siècles, se per-
vertit; la corruption et les abus y entrent en grand
nombre. Elle recule au lieu d'avancer. L'institution
d'un tribunal de cassation, si nettement caractéri-
sée dans l'ordonnance de 1302, et la distinction
du recours pour inobservation de la loi d'avec le
recours pour erreur de fait, ces deux progrès si
notables, sont bouleversées, et de nouveau la cassation se confond avec les appels, dans les mêmes
mains.

Une des circonstances qui marquent cette époque est la multiplication des parlements, ou,
selon la doctrine parlementaire, que nous considé-
rons comme sous ce rapport parfaitement fondée

en histoire, des fractions du Parlement royal; multiplication qui diminua beaucoup le ressort d'appel de celui de Paris, et modifia sous ce rapport la constitution de l'ordre judiciaire. Nous avons vu Charles VII créer le parlement de Toulouse; et le Dauphiné, lors de sa réunion, avait gardé le sien à Grenoble. En 1462, l'institution d'un nouveau parlement à Bordeaux, par Louis XI[1], empiéta sur les ressorts de ceux de Paris et de Toulouse. La Provence conserva son parlement, lorsqu'elle fut réunie à la France. Le conseil supérieur de Bourgogne et les grands jours de Bretagne dont les appels devaient être portés au Parlement de Paris, furent érigés en parlements lors de l'annexion de ces deux provinces; il en fut de même de l'échiquier de Normandie, constitué en parlement par un édit de Louis XII au mois d'avril 1499[2], et qui jusque-là avait vu ses appels portés à Paris. Mais le Parlement de Paris, malgré ces institutions nouvelles, conserva toujours un caractère de supériorité sur les autres, comme étant la fraction principale de l'ancienne cour du roi. Trois ordonnances de Louis XI, des 13 octobre 1463[3], 14 décembre 1464[4] et 15 janvier 1465[5], décidè-

[1] *Ordonnances*, t. XV, p. 500.
[2] *Ordonnances*, t. XXI, p. 215.
[3] *Ordonnances*, t. XVI, p. 87.
[4] *Ordonnances*, t. XVI, p. 278.
[5] *Ordonnances*, t. XVI, p. 454.

rent que le Parlement de Paris serait exclusivement juge des pairs de France, tant en matière criminelle qu'en matière civile ; et, nonobstant quelques objections qui furent toutes sans succès, il a conservé jusqu'en 1789 le droit exclusif de juger les pairs et même de les convoquer à ses délibérations, sans qu'une autorisation préalable du roi fût nécessaire.

Les attributions du conseil du roi éprouvèrent, sous Louis XI, des modifications importantes et malheureuses. « Le Conseil, dit M. Pardessus [1], ne » fut plus l'unique instrument de législation et » d'administration. Il y eut plusieurs conseils ; » et celui qui retint la qualification ancienne de » *grand conseil* ne conserva point la préparation et » la rédaction des lois, ni la connaissance des de- » mandes en cassation. Il fut constitué en cour de » justice chargée de prononcer souverainement » sur diverses espèces de contestations dont on » crut utile d'ôter la connaissance aux tribunaux » et aux cours ordinaires. — C'est uniquement par » conjecture que j'attribue à Louis XI cette modi- » fication ; il est certain qu'elle existait sous le rè- » gne de Charles VIII, et qu'on n'en trouve pas » de traces avant celui de Louis XI. Il paraît que » l'organisation et le mode de service de ce nou-

---

[1] Dans les *Ordonnances*, t. XXI, introduction, p. lxxiv.

» veau grand conseil furent d'abord imparfaits.
» Une ordonnance du 2 août 1497 [1] lui donna
» une constitution stable.... La même ordonnance
» a été reproduite, avec quelques légères modifica-
» tions, par un édit de Louis XII, du 13 juillet
» 1498 [2], et l'organisation faite par ces lois a sub-
» sisté jusqu'en 1789, époque du grand naufrage
» des anciennes institutions de la monarchie. »

L'attribution de causes en appel au Conseil du
roi était un acte regrettable, parce qu'il portait le
trouble dans les institutions judiciaires. C'était dé-
truire la distinction que nos lois modernes ont ré-
tablie, entre le dernier recours pour violation de la
loi, qui ne constitue pas un degré de juridiction, et
où la question de fait n'est pas agitée, où il n'intervient pas de nouveau jugement, mais seulement
cassation et annulation de la première sentence et
renvoi à d'autres juges; ce recours, dis-je, et l'appel, qui constitue un degré de juridiction, où le
fait est jugé aussi bien que le droit et où l'on prononce un nouveau jugement : progrès que nous
avons vu apparaître, dès le règne de Philippe le Bel,
dans l'ordonnance de 1302, et que Louis XI effa-
çait des lois françaises. Par là se trouvait nié le principe toujour soutenu, même depuis, par les par-

[1] Ordonnances, t. XXI, p. 1.
[2] Ordonnances, t. XXI, p. 58.

lements, de la délégation absolue par le roi de son pouvoir de justice suprème à sa Cour ou à son Parlement, en se réservant seulement le droit de clémence. Par là l'incertitude était introduite où avaient régné le bon ordre et la justice. Aux garanties d'équité et d'impartialité que présente un pouvoir purement judiciaire, Louis XI substituait l'arbitraire et la partialité du pouvoir politique. En outre, les ordonnances ne spécifiaient pas exactement les causes graves dont la connaissance en appel devait appartenir au Conseil, elles les laissaient dans l'incertitude; c'était une porte ouverte à l'abus et au bon plaisir du pouvoir royal qui pouvait évoquer à lui toutes les affaires où il avait intérêt à ce que le jugement fût rendu dans tel ou tel sens. On peut voir dans les Mémoires de Matthieu Molé, les conflits qui naissaient souvent entre le Parlement et le Conseil par suite de l'incertitude des ordonnances, et les réclamations que les parlements ne cessaient de faire contre cette organisation vicieuse qui minait leur autorité.

A côté de cela, signalons cependant un progrès obtenu, sous Henri II, par la sage et prudente administration du chancelier de l'Hospital. Avant lui, on pouvait appeler dans toute espèce de procès jusqu'au dernier degré de juridiction, c'est-à-dire jusqu'au Parlement. Dans les affaires de peu d'importance le résultat était de faire dépenser en frais le fonds du procès, et [...] au delà, par les parties qui s'entêtaient et vo[...] pousser jusqu'au dernier ressort. Une ordonnance de 1551 remédia à cet inconvénient et déclara que les présidiaux décideraient sans appel toutes les contestations qui n'excéderaient pas la valeur de 250 livres, ce qui aujourd'hui correspondrait environ à 3,000 fr. de notre monnaie.

Quant à la procédure même de l'appel, on peut en suivre les modifications successives dans les rédactions des Coutumes faites par l'ordre du chancelier de l'Hospital, dans les jurisconsultes du xvi⁰ siècle et du commencement du xvii⁰. Ces modifications avaient été en général toutes malheureuses et avaient produit un état de choses déplorable, qui contrastait avec la sage organisation des xiii⁰ et xiv⁰ siècles. Nous avons vu dans Boutillier la première trace des délais d'appel; ils s'étaient naturellement établis en règle générale, quand les parties ne furent plus obligées en personne d'assister au procès et au jugement, mais purent toujours se faire remplacer par leur procureur. On ne pouvait plus demander aux parties d'appeler, séance tenante, immédiatement après le jugement rendu; il fallait le leur signifier et leur accorder quelque temps pour appeler après la signification. On appliqua à ce délai les règles de la prescription trentenaire. On pouvait interjeter appel d'une sentence pendant trente ans après sa signification ; tant qu'on n'avait pas atteint cette limite, le droit d'attaquer la sentence restait entier ; la prescription mettait autant de temps à courir pour un appel que pour l'acquisition de la propriété. Il faut ajouter à cela la liberté illimitée des ouvertures de requête civile auprès des juges [1], et l'usage des *propositions d'erreurs*. Pour cette dernière voie de réformation, permise d'abord par l'ordonnance sans date de 1331 [2], et de plus en plus confirmée par celle de décembre 1344 [3], l'édit de novembre 1479 [4], et l'édit de Romorantin de mars 1545, nous citerons la définition que donne Laurière [5] : « Lettres de » proposition d'erreur s'obtiennent du Roy de sa » certaine science contre un Arrest pour le rétrac- » ter dautant qu'il avoit été mal jugé par erreur de » fait, et non pas par le dol ou surprise de partie » adverse, qui est le cas de la Requeste civile, et » n'est aucun recevable à proposer erreur de droit » contre un Arrest. »

Toutes les causes que nous venons d'indiquer, jointes à la multiplication des degrés de juridic-

---

[1] Ordonnance de Villers-Cotterets, août 1539, art. 123. — Ordonnance de Moulins, février 1566, art. 161. — Ordonnance de Blois, mai 1579, art. 92. — Ordonnance dite Code Michaud, janvier 1629, art. 89.

[2] *Ordonnances*, t. II, p. 80.

[3] *Ordonnances*, t. II, p. 210.

[4] *Ordonnances*, t. XVIII, p. 518.

[5] *Glossaire du Droit français*, t. II, p. 243.

tion, avaient fini par produire une perturbation
profonde dans l'exercice de la justice. Toute stabilité, toute certitude dans les jugements avaient disparu ; pendant trente ans nul ne pouvait savoir
s'il ne serait pas troublé dans la possession de
l'objet qu'une sentence avait remis entre ses mains.
Les procès devenaient éternels et plusieurs vies s'é-
coulaient sans qu'on en vît la fin. Telle action pouvait se prolonger cent vingt ans, et il n'était pas rare
de voir des familles transmettre à leurs descen-
dants, pendant plusieurs générations, une fortune
et un état civil incertains. L'institution des appels
et des autres voies de recours s'était ainsi perver-
tie, et ce qui avait d'abord été une garantie protectrice et bienfaisante s'était transformé en un
mal profond, une cause funeste de trouble et d'incertitude, une pâture à la chicane et à la mauvaise
foi. Cette instabilité des jugements, cette durée indé-
finie des procès, bien plus encore que la divergence
des coutumes, étaient devenues un véritable fléau
bouleversant les familles, usant les fortunes dans
des frais continuels et sans terme, nourrissant les
gens de loi aux dépens des forces vives de la société,
et finissant trop souvent par faire triompher la ruse
et la mauvaise foi à la place de l'équité et du bon
droit[1]. De là cet effroi, cette horreur de la justice

---

[1] Il faut cependant reconnaître, pour être juste, qu'avec tous ses in-

générale chez tous les honnêtes gens, que Boileau, élevé dans le Palais, a si bien exprimés dans son Lutrin :

convénients, la justice française était, dans toute l'Europe, la plus sûre et la mieux réglée ; la chose qui frappait le plus les étrangers dans la France était cette grande et magnifique institution des parlements. Il est intéressant de voir l'effet que le spectacle de cette organisation si perfectionnée dans notre pays avait produit, à une époque où l'Italie marchait cependant à la tête de la civilisation, sur un homme tel que Machiavel, et de constater que ce qu'il admirait était ce qui nous frappe encore aujourd'hui, l'égalité de la justice pour tous, quels qu'ils soient, même pour le roi. « Parmi les royaumes bien ordonnés et bien gouver-
» nés de notre temps est sans contredit le royaume de France. On y
» trouve un grand nombre de bonnes institutions qui font l'indépen-
» dance et la sécurité du roi. La première de toutes est celle du Parle-
» ment et son autorité. Celui qui ordonna ce royaume, connaissant l'am-
» bition des seigneurs et leur insolence, jugea nécessaire de les tenir
» en bride ; d'un autre côté, il n'ignorait pas l'aversion du peuple contre
» les grands, aversion fondée sur la crainte ; mais, pour le rassurer, il ne
» voulut pas que le soin de juger fût à la charge du roi, de peur que les
» grands n'eussent à lui reprocher de favoriser le peuple, et le peuple
» de prendre parti pour les grands. C'est pour cela qu'il établit un tiers
» juge qui, sans que le roi en eût la responsabilité, abattit les grands et
» vint en aide aux petits (*Principe*, cap. 19). » Le même auteur revient
encore une fois sur ce sujet dans ses *Discours sur la première décade de
Tite-Live* (l. III, c. 1). « Les royaumes ont encore besoin de se renouve-
» ler et de ramener les lois à leurs principes. Et on peut voir quel ex-
» cellent effet cela produit dans le royaume de France, qui est, de tous
» les empires, le mieux ordonné et celui où l'empire des lois est le mieux
» établi. Ces lois, ce sont les parlements qui les maintiennent, et parti-
» culièrement celui de Paris. Il les renouvelle toutes les fois qu'il fait
» une exécution contre un prince de ce royaume, ou que ses sentences
» condamnent le roi dans sa propre cause. » C'est ainsi que l'exemple
du Parlement servait, aux yeux du Secrétaire Florentin, à démontrer
l'étroite union du roi de France et de son peuple contre l'aristocratie
féodale. Toutefois nous devons faire remarquer, en finissant, que Machiavel écrivait les passages que nous venons de citer, à la fin du
XV⁰ siècle, à une époque où le désordre et le trouble dans l'administration de la justice n'étaient pas encore parvenus au degré qu'ils atteigni-
rent dans les deux siècles suivants.

Entre ces vieux appuis dont l'affreuse grand'salle
Soutient l'énorme poids de sa voûte infernale,
Est un pilier fameux, des plaideurs réputé
Et toujours des Normands à midi fréquenté,
Là sur des tas poudreux de sacs et de pratique
Hurle tous les matins une sibylle étique :
On l'appelle Chicane, et ce monstre odieux
Jamais pour l'équité n'eut d'oreilles ni d'yeux.

. . . .

Sans cesse feuilletant les Lois et la Coutume,
Pour consumer autrui, le monstre se consume,
Et dévorant maisons, palais, châteaux entiers,
Rend pour des monceaux d'or de vains tas de papiers [1].

XIII.

La plaie était profonde et presque incurable ;
Louis XIV essaya d'y porter remède. Voici comment le grand roi parle, lui-même, dans les Mémoires qu'il adressa au Dauphin son fils [2], de l'état où il trouva les choses quand il tenta sa réforme judiciaire : « Le désordre régnoit partout...... La » justice, à qui il appartenoit de réformer tout le » reste, me paroissoit elle-même la plus difficile à » réformer. Une infinité de choses y contribuoit :

[1] *Lutrin*, chant V, v. 33-48. — V. pour le siècle précédent, en tenant compte de l'exagération satirique, les chapitres de Rabelais sur les procès, l. III, c. 42 ; L. V, c. 11.

[2] *OEuvres de Louis XIV*, t. I, p. 9-13.

» les charges remplies par le hasard et par l'argent
» plutôt que par le choix et le mérite; peu d'ex-
» périence en une partie des juges, moins de sa-
» voir, les ordonnances de mes prédécesseurs sur
» l'âge et le service éludées presque partout; la
» chicane établie par une possession de plusieurs
» siècles, fertile en inventions contre les meilleu-
» res lois; et enfin, ce qui la produit principale-
» ment, j'entends ce peuple excessif, aimant les
» procès et les cultivant comme son propre héri-
» tage, sans autre application que d'en augmenter
» la durée et le nombre.

    » Tous ces maux ensemble, ou leurs suites et
» leurs effets, retomboient principalement sur le
» peuple, chargé d'ailleurs d'impositions et pressé
» de la misère en plusieurs endroits, incommodé
» en d'autres de sa propre oisiveté depuis la paix,
» et ayant surtout besoin d'être soulagé et oc-
» cupé. »

C'est à cet état de choses que Louis XIV cher-
cha à porter remède, embrassant de 1661 à 1683,
avec la même étendue de vue, le même esprit
d'unité et d'organisation, dans son plan de réforme, les finances, l'armée, l'administration in-
térieure et la police, la justice civile et criminelle,
l'enseignement du droit, le système hypothécaire,
le régime des eaux et forêts, le commerce, la ma-
rine et les colonies. L'ordonnance d'avril 1667, un

des plus beaux monuments législatifs du grand
règne, régla l'administration de la justice civile.
Elle apportait de grands perfectionnements à l'ordre
existant, et sa trace restera toujours brillante dans
l'histoire de notre droit. Au sujet des améliorations
que cette ordonnance introduisait dans le système
des recours, nous laisserons la parole à M. de Royer,
en citant le discours que ce magistrat a prononcé,
cette année, à la rentrée de la Cour de Cassation.

« Ce n'était pas assez d'abréger les procé lures et
» de supprimer des actes inutiles, il fallait assurer
» un terme aux procès, protéger la chose jugée,
» et, comme le disait M. Pussort, *garantir aux fa-*
» *milles la paisible possession de leurs biens* [1].
» L'ordonnance réduisit à trois ans et six mois,
» dans certains cas, et à dix ans dans d'autres, le
» délai d'appel qui avait été jusque-là de 3o ans.
» Elle abrogea les propositions d'erreur [2] et elle
» détermina limitativement pour la première fois
» les ouvertures de requête civile [3].

» Personne ne défendit les propositions d'er-
» reur qui se fondaient, comme on le sait, sur
» l'erreur en fait du juge et dont la mauvaise foi
» des plaideurs vaincus avait abusé, au grand pré-
» judice des parties et des affaires à juger. Mais un

---

[1] Procès-verbal des Conférences, p. 427 et 429.
[2] Tit. XXXV, art. 42.
[3] Tit. XXXV, art. 34-36.

» vif débat s'éleva entre M. de Lamoignon et
» M. Pussort, sur les limites imposées au pouvoir
» des juges pour l'appréciation des ouvertures de
» requête civile.

» M. Pussort invoquait la maxime *Optima lex
» quæ minimum relinquit arbitrio judicis*; il ra-
» menait tous les cas de requête civile à deux cau-
» ses, le dol personnel des parties ou l'inobserva-
» tion de la procédure prescrite, et il insistait
» pour faire fixer, par la loi elle-même, des cir-
» constances qu'il était facile de prévoir et de dé-
» terminer avec certitude.

» M. de Lamoignon, que la nature de son esprit
» entraînait toujours vers l'omnipotence du juge,
» opposait Platon à M. Pussort, et pensait, avec le
» philosophe grec, que les magistrats, hommes de
» bien, qui sont des lois vivantes, sauvegardent
» mieux les intérêts de la justice que les lois écrites
» qui sont inanimées [1].

» Platon et M. de Lamoignon eurent tort, et
» M. Pussort fit prévaloir le système qu'a consacré
» le Code de 1806 [2]. »

L'ordonnance de 1667 diminuait donc notablement les délais d'appel. Trois ans après la signification d'un jugement, la partie gagnante devait som-

[1] Procès-verbal, p. 462.
[2] C. Pr. art. 480 et 481.

mer la partie condamnée d'interjeter son appel, et,
si elle ne le faisait pas dans les six mois, la sentence
passait en force de chose jugée[1]. « Pour les domai-
» nes de l'Eglise, Hospitaux, Colléges, Universités et
» Maladreries, » le délai était de six ans au lieu de
trois. Un an et six mois de plus étaient accordés à
l'héritier de la partie condamnée[2]. A défaut de som-
mation, le droit d'appel se prescrivait par dix ans,
ou par vingt pour les biens ecclésiastiques, les Com-
munautés, les Hôpitaux, les Colléges, etc.[3]. Cette
prescription ne courait pas contre les mineurs[4].

Mais le remède n'était pas assez puissant, les réformes assez profondes ; les délais de l'appel res-
taient beaucoup trop longs ; l'ordonnance ne con-
tenait rien sur la diminution du nombre des degrés
de juridiction. Aussi le règne de la chicane conti-
nua-t-il, malgré ce qu'avait fait Louis XIV ; les procès furent encore indéterminables, et, si des générations entières ne s'usaient plus dans la même affaire, une seule suffisait encore à remplir la vie
d'un homme. Les comédies, qui sont toujours le
miroir fidèle de l'existence d'une époque, nous
font voir quel rôle jouaient encore dans la vie les
procès, avec leurs frais énormes, leurs délais pro-

---

[1] Tit. XXVII, art. 12.
[2] Tit. XXVII, art. 13 et 15.
[3] Tit. XXVII, art. 11.
[4] Tit. XXVII, art 16.

longés, leur incertitude sur les points les plus es-
sentiels. Boileau, dans le passage que nous avons
cité, dès le règne de Louis XIV, nous dit combien
l'ordonnance de 1667 avait peu réfréné le fléau
qui dévorait les familles et les fortunes :

> En vain pour le dompter le plus juste des rois
> Fit régler le chaos des ténébreuses lois ;
> Ses griffes vainement par Pussort raccourcies,
> Se rallongent déjà, toujours d'encre noircies,
> Et ses ruses perçant et digues et remparts,
> Par cent brèches déjà rentrent de toutes parts.

Un roi devait encore, avant la chute de l'ancienne monarchie tenter, la guérison de cette plaie
douloureuse, et essayer de remédier aux inconvénients sans nombre de la multiplication des degrés de recours. Ce n'est qu'avec une profonde
émotion qu'on étudie les actes de Louis XVI ;
qu'on peut voir toutes les réformes bienfaisantes
qu'avait déjà introduites, avant 1789, ce roi, bon,
trop bon même, au noble cœur, au sens droit,
plein de l'amour de ses sujets et du désir de leur
bonheur. On apprend, par cette étude instructive,
à détester avec plus d'énergie l'ingratitude de la
nation, qui récompensa les nobles intentions et les
généreuses réformes de Louis XVI par l'échafaud
révolutionnaire. Il suffirait de lire le bel exposé
qui précède l'ordonnance de mai 1788, pour voir
tout ce qu'il y avait de grands et généreux senti-

ments et d'amour du bien public dans le cœur de
Louis XVI. Cette ordonnance, rendue sous le ministère de M. de Lamoignon, quand le vent de la
tourmente révolutionnaire commençait déjà à s'é-
lever, était destinée à remédier aux inconvénients
du trop grand nombre des juridictions. Elle reconnaît trois ordres de justices d'appel. Le premier, les présidiaux, juge, en dernier ressort, les
procès dont le fonds n'excède pas 4000 livres. Le
second degré, institué par l'ordonnance sous le
nom de *grands bailliages*, juge les appels des présidiaux, et n'est lui-même susceptible d'appel
qu'au delà de 20,000 livres de principal. Ce ne
sont donc que les affaires d'une importance tout à
fait considérable qui parviennent au Parlement,
troisième et dernier degré de la juridiction d'appel.

Le palliatif était encore trop faible pour l'étendue du mal. La longueur des délais d'appel restait la même, et si, pour les petites affaires, on arrivait rapidement à une solution définitive, dans les
grands procès on avait encore trois degrés de recours à parcourir, ce qui, avec les délais maintenus, devait, malgré la nouvelle réforme, prolonger
indéfiniment leur durée.

XIV.

On est malheureusement obligé dans l'histoire de reconnaître qu'il est certaines réformes intégrales qui ne peuvent être obtenues que violemment. En principe, nous devons déplorer ce fait, mais historiquement nous sommes obligés de l'admettre. Ce que Louis XIV avec toute sa puissance, Louis XVI avec ses nobles intentions, n'avaient ni osé, ni pu faire; la Révolution l'accomplit. Malgré toutes ses fautes, l'assemblée à qui nous devons l'égalité devant la loi, l'assemblée qui a proclamé les grands principes de 1789, restera bien grande dans l'histoire de France. Parmi les abus à supprimer, les libertés à conquérir ou à recouvrer, une des choses qui demandaient la réforme la plus prompte et la plus entière était l'ordre et l'organisation de la justice. Le mal était immense, comme nous venons de le voir, et le pays en souffrait profondément. L'Assemblée constituante brisa ce que Louis XIV et Louis XVI avaient tenté de réformer. Elle renversa l'ordre antique de la justice, et y substitua de nouvelles institutions.

Dès le mois de mars 1790, l'Assemblée Consti-

tuante commença à se préoccuper de l'organisation judiciaire, à la suite de deux discours de Du
Port, député de Paris [1], et de Chabroud, député
des communes du Dauphiné [2]. Le 1er mai, l'Assemblée décida en principe que la voie de l'appel
serait admise par les lois [3]. Ce ne fut pas sans une
vive discussion. « Les adversaires de l'appel, dit à
» ce sujet Boitard [4], ceux qui voulaient tout ré-
» duire à un unique degré de juridiction, s'ap-
» puyaient, les uns sur l'idée d'Ulpien : qu'il n'est
» pas prouvé qu'un jugement, pour être le dernier,
» soit le meilleur; les autres ne voyaient dans l'ap-
» pel qu'un débris des anciennes institutions, de
» la hiérarchie féodale qu'on voulait faire tomber;
» d'autres enfin, quoique partisans, en principe,
» de la faculté d'appeler, et c'étaient là, sans doute,
» les plus nombreux, étaient cependant arrêtés
» par une grande difficulté d'exécution, effrayés
» qu'ils étaient de l'influence politique acquise et
» exercée, surtout dans les derniers temps, par les
» corps judiciaires auxquels appartenaient les ju-
» gements souverains, par les parlements; ils ne

[1] *Principes et plan sur l'établissement de l'ordre judiciaire*, par
M. Du Port, député de Paris, imprimés par ordre de l'Assemblée, Paris,
1790, in-8.

[2] *Opinion de Charles Chabroud, membre de l'Assemblée nationale,
sur quelques questions relatives à l'ordre judiciaire*, imprimée par ordre de l'Assemblée, Paris, 1790, in-8°.

[3] *Procès-verbaux de l'Assemblée nationale*, 1er mai, 1790, p. 9.

[4] *Cours de procédure*, t II, p. 190, ed. Colmet Daage.

» voyaient pas de moyen de constituer, d'organi-
» ser un système d'appel, sans constituer ou con-
» server ces grands corps judiciaires dont les ré-
» centes usurpations politiques faisaient ombrage
» à l'Assemblée. De là, les hésitations sur la ques-
» tion de savoir si l'appel serait autorisé, et, en
» cas d'affirmative, comment il serait organisé. »

Enfin la loi discutée dans les mois de juillet et
d'août sur les rapports de Thouret, décrétée le
16 et promulguée le 24 août 1790, vint définitivement régler les bases de la nouvelle organisation
judiciaire de la France. Le titre V de cette loi était
consacré aux *Juges d'appel*; il fut débattu dans les
séances du 27 juillet [1], du 3 [2] et du 4 août [3]. Voici
quel était le système qu'il établissait. Il ne pouvait
y avoir que deux degrés de juridiction, l'une de
première instance et l'autre d'appel. Pour éviter
de rétablir cette hiérarchie judiciaire dont on re-
doutait les inconvénients, et de reconstituer ces
grands corps dont l'existence semblait indissoluble-
ment attachée à celle de l'ancienne monarchie, on
avait imaginé un genre d'appel assez bizarre, dont
quelques traces subsistent encore, au moins dans
le droit criminel. Il n'y avait qu'un seul ordre de
tribunaux, les tribunaux de district dont les juges

[1] *Procès-verbaux*, 27 juillet, p. 8 et 9.
[2] *Procès-verbaux*, 3 août, p. 7-11.
[3] *Procès-verbaux*, 4 août, p. 6.

étaient nommés à l'élection. Ces tribunaux étaient juges réciproques des appels les uns des autres : le jugement d'un tribunal de district, lorsqu'il était attaqué par la voie de l'appel, devait être porté et débattu devant l'un des tribunaux les plus voisins [1]. Un tableau des tribunaux les plus rapprochés était dressé [2], et chacune des parties avait la faculté d'en écarter par récusation un certain nombre [3]. Il ne restait plus de hiérarchie et de supériorité véritable d'un tribunal sur l'autre, que pour les juges de paix qui jugeaient sans appel jusqu'à concurrence de 5o livres, et au delà avec appel au tribunal de première instance, les affaires soumises à leur juridiction [4].

Quant aux délais d'appel, l'article 14 du titre V les réglait. En voici la teneur :

« Nul appel d'un jugement contradictoire ne
» pourra être signifié, ni avant le délai de l'in-
» stance, à dater du jour du jugement, ni après
» l'expiration de trois mois, à dater du jour de
» la signification du jugement faite à personne ou
» à domicile. Ces deux termes sont de rigueur, et
» leur inobservation emportera la déchéance de
» l'appel; en conséquence, l'exécution des juge-

[1] Tit. V, art. 1-5.
[2] Tit. V, art. 4.
[3] Tit. V, art. 6-13.
[4] Tit. III, art. 9-12.

» ments qui ne sont pas exécutoires par provision
» demeurera suspendue pendant le délai de hui-
» taine. »

Le projet primitif du comité de constitution ré-
duisait le délai à un mois seulement. Une vive discussion s'éleva à ce sujet, à la suite de laquelle on
adopta le terme de trois mois, comme conciliant à
la fois le besoin de stabilité et les intérêts de la
partie condamnée, qui doit avoir le temps de ré-
fléchir sur ce qu'elle a à faire [1]. — Le projet portait
aussi le mot *jugements* simplement ; ce fut à la discussion qu'on restreignit, d'après l'ancienne règle
contumax non appellat, cette disposition aux jugements contradictoires [2]. L'assemblée négligea
d'ajouter, par suite de cette modification, un article
sur les appels des jugements par défaut : lacune regrettable qui exista dans la législation jusqu'au
Code de 1806.

L'Assemblée constituante rétablit aussi ce que
l'ancienne monarchie avait créé, puis abandonné
et méconnu : la distinction du recours pour le fait
ou pour l'inobservation de la loi. Le décret du
27 novembre, loi du 1er décembre 1790, institua
un tribunal de cassation unique, qui ne constituait
pas un dernier degré de juridiction, mais un tri-

---

[1] *Procès-verbaux*, 4 août 1790, art. 5 et 6.
[2] *Ibid.*, p. 5.

bunal chargé de veiller à la garde et à l'exécution des lois; et pour cela revisant les jugements qui lui étaient portés, annulant ceux qui étaient contraires à la loi, mais ne rejugeant pas et renvoyant les procès devant de nouveaux juges. Cette constitution a été conservée jusqu'à nous.

Le système assez étrange de la loi du 24 août 1790, qui constituait l'appel sans établir de supériorité judiciaire, et dérogeait au principe philosophique qui régit les recours, que le juge présente plus de garanties d'intégrité et d'impartialité, à mesure qu'il est plus élevé; ce système fut assez longtemps en vigueur, au travers des vicissitudes de l'époque républicaine. Ainsi, lorsque la constitution de l'an III substitua aux tribunaux de district un tribunal unique, institué dans chaque département, la même règle fut admise; et l'appel de chaque tribunal de département fut porté à l'un des tribunaux des trois départements les plus voisins. C'était encore l'appel organisé entre des tribunaux de degrés égaux, l'appel sans hiérarchie judiciaire.

Ce fut seulement après la constitution du 22 frimaire an VIII, dans le grand travail du rétablissement de la société sous le Consulat, que fut organisé un véritable système d'appel, conforme aux traditions historiques et aux principes du droit naturel; une reconstitution de l'ancien ordre des xiiie et xive siècles, seulement et avec raison réduit à deux degrés de juridiction. La loi du 27 ventôse an viii, réorganisant l'exercice de la justice, rétablit, sous le nom de tribunaux d'arrondissement, les tribunaux de district de l'Assemblée constituante, et institua en même temps des tribunaux d'appel d'un ordre supérieur, au nombre de 29.

Plus tard, le sénatusconsulte du 28 floréal an xii, rétablissant l'ancien nom monarchique de *Cour*, donna à ces tribunaux le nom de *Cour d'Appel*, comme au tribunal de cassation le nom de *Cour de Cassation*.

XV.

Le Code de procédure civile, décrété le 14 avril 1806 et promulgué le 24 du même mois, est la loi qui régit aujourd'hui tout le système judiciaire. La seconde partie de cette thèse exposera les détails actuels de la procédure d'appel, dans les affaires civiles, criminelles, commerciales et administratives. Quant à l'organisation même de la justice et à la hiérarchie des magistratures, elle n'a guère subi, dans le Code, de modifications dans ce que l'avaient faite la loi du 27 ventôse an viii et le sénatusconsulte du 28 floréal an xii. On y retrouve encore tout l'ordre établi par saint Louis et ses premiers successeurs, seulement avec d'importants perfectionnements que nous avons déjà signalés. Les Cours d'Appel correspondent au Parlement, la Cour de Cassation au Conseil du roi, tel que l'ordonnance de 1302 en réglait les attributions. Quant à l'ancien droit de juridiction suprême de l'empereur romain transmis aux rois de France par Charlemagne, la délégation en est aujourd'hui absolue entre les mains des magistrats, et, selon la tradition royale, le souverain en conserve seulement un vestige dans la plus belle de ses prérogatives, le droit de clémence et de grâce pour les condamnés. Depuis 1789, nous ne connaissons qu'une seule atteinte portée à ce principe fondamental de l'organisation judiciaire moderne.

M. Werbrouck, maire d'Anvers, qui jouissait d'une grande considération, se vit, à la fin de 1811, accusé de complicité dans des dilapidations commises dans la perception des octrois de la ville d'Anvers [1]. Ce procès, suscité sur l'ordre même de l'empereur, traîna quelque temps et ne parut enfin devant la Cour d'Assises de Bruxelles qu'en juil-

[1] Sur toute cette histoire, V. les *Souvenirs* de Berryer père, t. I, p. 351 sqq. ; et surtout l'intéressante notice donnée par M. Cahier dans le t. XII des *Mémoires de la société d'Agriculture du Nord*, p. 375-411, sous le titre de : *Un procès criminel à la fin de l'empire.*

let 1813. Après plusieurs audiences, le 24, Werbrouck et ses trois coaccusés furent acquittés par.
un verdict du jury.

L'empereur reçoit en Allemagne la nouvelle de
l'acquittement, il écrit immédiatement de son
quartier général de Dresde, le 14 août, au duc de
Massa, grand juge, ministre de la justice : « Nous
» avons appris avec la plus grande peine la scène
» scandaleuse qui vient de se passer à Bruxelles,
» aux Assises de la Cour impériale..... Le jury,
» dans cette circonstance, n'a pas répondu à la
» confiance de la loi..... Dans ces circonstances,
» *quoiqu'il soit dans nos principes et dans notre*
» *volonté que nos tribunaux administrent la jus-*
» *tice avec la plus grande indépendance, cepen-*
» *dant, comme ils l'administrent en notre nom et*
» *à la décharge de notre conscience*, nous ne pou-
» vons pas ignorer et tolérer un pareil scandale,
» ni permettre que la corruption marche tête levée
» dans nos bonnes villes de Bruxelles et d'An-
» vers..... Notre intention est que vous fassiez
« connaître à notre procureur impérial près la
» Cour de Bruxelles *que le jugement de la Cour,*
» *rendu en conséquence de ladite déclaration du*
» *jury, doit être regardé comme suspendu, qu'en*
» *conséquence, les prévenus doivent être remis sous*
» *la main de la justice, et le séquestre réapposé*
» *sur leurs biens.* Enfin, notre intention est qu'en

» vertu du § 4 de l'art. 55 du titre V des constitu-
» tions de l'empire, vous nous présentiez dans un
» conseil privé.... un projet de sénatusconsulte
» *pour annuler le jugement de la Cour d'Assises*
» *de Bruxelles*, et envoyer cette affaire à la Cour
» de Cassation, qui désignera une cour impériale
» par devant laquelle *la procédure sera recommen-*
» *cée et jugée, les chambres réunies et sans jury*...
» Notre intention est aussi que vous donniez des
» instructions à notre procureur impérial, qui sera
» à cet effet autorisé par un article du sénatus-
» consulte, pour qu'il poursuive ceux des jurés
» que la clameur publique accuse d'avoir cédé à
» la corruption de cette affaire ... [1]»

Pour donner une apparence de légalité à cet
acte, Napoléon invoquait le § 4 de l'art. 55, titre V des constitutions de l'empire, lequel porte :
Le sénat «annule les jugements des tribunaux,
» lorsqu'ils sont attentatoires à la sûreté de l'Etat.»
Mais il devait bien connaître l'art. 360 du Code
d'instruction criminelle promulgué par lui cinq
ans auparavant, en 1808 : « Toute personne ac-
» quittée légalement ne pourra plus être reprise
» ni accusée à raison du même fait.» Il ne pouvait ignorer que l'art. 358 du même code déclarait formellement que, dans le cas d'acquitte-

[1] *Moniteur du 1er octobre 1813.*

ment, il n'y avait pas jugement de la Cour, mais seulement que le président prononçait la mise en liberté de l'accusé conformément au verdict du jury. L'article de la Constitution, quelle que fût l'étendue du pouvoir qu'il mettait aux mains de l'autorité publique, ne pouvait donc pas s'appliquer dans cette circonstance.

Malgré cela, le sénatus-consulte que demandait l'Empereur, fut rendu le 28 août, sur le rapport de Boulay de la Meurthe, annulant le verdict du jury rendu en faveur de Werbrouck et de ses co-accusés, et les renvoyant devant une autre cour impériale, à la désignation de la Cour de Cassation, pour y être prononcé sur l'accusation en sections réunies et sans jury[1]. Le sénatus-consulte fut rendu exécutoire le 2 septembre par l'Empereur[2]. M. d'Argenson, préfet d'Anvers, reçut l'ordre de remettre les accusés en état d'arrestation ; il refusa et donna sa démission.

Par arrêt de la Cour de Cassation du 21 octobre 1813, l'affaire est renvoyée devant la Cour impériale de Douai. Là, pendant les délais que la cour prolongeait à dessein pour éviter d'agir, Wer-

---

[1] Est-ce à cet acte que le même sénat, qui avait rendu le sénatus-consulte, faisait allusion en proclamant, le 8 avril 1814, la déchéance de Napoléon ? « Il a confondu tous les pouvoirs et détruit l'indépendance » du co ps judic aire. »

[2] *Moniteur* du 9 septembre 1813. *Bulletin des Lois*, 2ᵉ série, 1813, p. 177.

brouck meurt à l'hospice, où il avait été transporté en état de détention. Ses coaccusés restent sous le coup du nouveau procès qui s'instruit lentement. Cependant, les événements ont marché. Louis XVIII est monté sur le trône. Les prévenus adressent au roi une requête, sur laquelle, le 4 juillet 1814, est rendu un arrêt du conseil, qui annule le sénatus-consulte du 28 août 1813 et tout ce qui s'en est suivi, et ordonne « que l'arrêt de la Cour d'Assi- » ses du 24 juillet sortira son plein et entier effet, » et que le séquestre apposé sur les biens des re- » quérants et de leurs consorts sera levé immédia- » tement. » Cet arrêt est rendu, « Considérant que » l'acte du 28 août 1813 est contraire à l'auto- » rité de la chose jugée et attentatoire à l'institu- » tion du jury, consacrée en France, tant par les » lois antérieures que par la Charte constitution- » nelle. »

Nous n'ajouterons rien à ces faits ; on jugera si l'acte que nous venons de raconter était d'ac-cord avec les principes du droit exposés dans cette thèse.

Les gouvernements libres dont la France a joui depuis lors nous ont préservés de voir se renouve-ler de pareils actes. Mais, si celui qui cassa le ver-dict du jury relativement au maire d'Anvers était contraire à la loi et à l'équité, il faut reconnaître qu'il avait son fondement en histoire. C'était une tentative de reconstituer la plénitude du pouvoir impérial tel qu'il existait à Rome, avec le droit de justice suprême. Comme nous l'avons dit, ce droit est, dans la constitution de l'ordre judiciaire moderne, délégué d'une manière absolue aux magistrats, et le souverain s'est réservé seulement un droit de clémence. Tel est, du moins, l'état de la juridiction civile ; la juridiction administrative fait exception. Là encore, le souverain est juge suprême ; en principe, le Conseil d'État ne juge pas les affaires du contentieux administratif ; c'est le chef du pouvoir qui rend, dans ce cas, des décrets au contentieux, véritables rescrits, le Conseil d'État entendu, dans un ordre de procédure absolument analogue à celui que Justinien avait établi pour les appels à l'empereur.

C'est là une disparate dans notre législation. Ce point où la séparation absolue de l'ordre politique de l'ordre judiciaire ne s'est pas encore introduite, contraste avec la constitution *admirable*, pour me servir de l'expression de M. de Maistre, de notre société moderne, dans laquelle la monarchie ne juge pas. N'est-ce pas un défaut ? Ne reste-t-il pas un progrès à faire ? S'il nous était permis de hasarder une opinion dans une matière aussi difficile et aussi compliquée, nous répondrions affirmativement ; que la juridiction administrative nous semble demander une réforme radicale, pour être mise

à la hauteur de la juridiction civile. On nous pardonnera, j'espère, notre hardiesse, si nous osons ici
exprimer au moins un vœu pour le progrès qui
reste encore à accomplir dans ce sens. Garantir
dans la justice administrative comme dans la justice
civile, l'indépendance et la liberté essentielles au
pouvoir judiciaire, par sa distinction complète d'a-
vec le pouvoir administratif et politique; en le pla-
çant en d'autres mains; arriver à ce résultat, que,
dans les affaires contentieuses, l'administration
active ne soit plus à la fois juge et partie; créer,
en un mot, une magistrature administrative qui ne
soit que magistrature, comme est déjà la Cour des
Comptes; et qui offre aux parties les garanties
complètes d'impartialité et d'indépendance que
l'organisation actuelle du Conseil d'État ne nous
semble pas présenter d'une manière tout à fait suf-
fisante : voilà ce que nous rêvons de voir accomplir; voilà ce dont nous osons former le vœu. La
Constitution de 1848 n'avait-elle pas déjà fait faire
un grand pas dans cette voie par la création du
tribunal des conflits? Ce tribunal présentait certainement de graves inconvénients par la manière
dont il avait été organisé; mais il eût mieux
valu, pensons-nous, le réformer que le supprimer. Le décret organique du 15 janvier 1852 a
supprimé le tribunal des conflits. Si nous espérons
un jour voir revenir sur cet acte, et reprendre, en la

développant, la pensée de la constitution de 1848, c'est par le désir de voir notre pays arriver à une organisation judiciaire presque parfaite, et entièrement conforme à l'équité et au droit naturel.

DEUXIÈME PARTIE.

SECTION I.

De l'appel.

PROCÉDURE D'APPEL DEVANT LES TRIBUNAUX CIVILS.

(Cod. civ. art. 1351. — Code de Procédure, part. I, liv. 3, tit. uniq. Loi du 11 avril 1818, art. 1 et 2).

La première partie de cette thèse a été consacrée à l'histoire des voies de recours contre le jugement et, en particulier, de l'appel. Cette seconde partie sera exclusivement consacrée à exposer l'état actuel de la législation sur l'appel, la tierce-opposition et la requête civile. Nous commencerons par l'appel, que nous étudierons devant les tribunaux civils, criminels, commerciaux, et dans la justice administrative.

Nous en avons déjà donné la définition au commencement de la première partie. On entend par appel le recours d'une juridiction inférieure à une autre d'un ordre plus élevé, dans le but de faire infirmer et réformer la sentence du premier juge. Ainsi que nous l'avons également dit, la réformation de la sentence est nécessaire pour caractériser l'appel proprement dit.

On désigne par le nom d'*appelant* la partie qui interjette l'appel, et par le nom d'*intimé* [1] celle contre qui l'appel est formé.

Dans notre étude de la procédure d'appel devant la juridiction civile, nous introduirons trois divisions dans lesquelles nous examinerons, d'abord quels sont les tribunaux compétents pour juger en appel, ou en premier et dernier ressort ; quels sont les jugements dont on peut appeler ; et enfin quels sont les délais et les formes des appels.

§ 1.

Prenons d'abord la donnée ordinaire d'un procès porté devant le tribunal d'arrondissement.

En règle générale, toute demande est soumise à

---

[1] *Intimare (intimum reddere)* a, dans la bonne latinité, le sens de *faire pénétrer*. Cette acception conduit plus tard à celui de *faire connaître, publier, dénoncer*. C'est ainsi que l'emploient les écrivains du ɪɪɪ. siècle.

l'épreuve des deux degrés de juridiction ; l'action débattue devant le tribunal d'arrondissement est portée en appel devant la Cour impériale qui, ainsi que son ancien nom de *Tribunal* ou *Cour d'Appel* l'indique, est spécialement destinée à juger les causes en second ressort, et n'est que dans quelques cas très-rares et tout à fait exceptionnels, juridiction à la fois de premier et de dernier ressort.

Telle est la règle : mais il est, par exception, des causes que la loi ne soumet qu'à un seul degré de juridiction. Pour les unes, cela tient à la cause même, comme lorsqu'il s'agit des actions civiles entre le trésor et les contribuables, relativement à la perception des impôts directs, d'après l'article 2 de la loi du 7 septembre 1790, ou de celles qui se rapportent à la poursuite des droits d'enregistrement, d'après les articles 64 et 65 de la loi du 22 frimaire an VII : ce sont là des déviations au principe que les gouvernments ont établies à leur profit. Pour les autres, la raison en est dans le peu d'importance pécuniaire de l'affaire, dont la loi a voulu sagement empêcher que la valeur ne fût entièrement consommée par les frais de deux degrés. C'est le cas des actions personnelles et mobilières dont le principal est au-dessous de 1500 francs, et des actions immobilières relatives à un immeuble dont le revenu est inférieur à 60 francs. Ce taux a été fixé par la loi du 11 avril 1838, qui a fait disparaître les incertitudes de la jurisprudence sur l'application des sommes énoncées en *livres* et non en *francs* dans la loi du 24 août 1790.

Dans l'un et l'autre genre d'affaires, le tribunal d'arrondissement juge en premier et dernier ressort.

Mais comment doit se calculer le montant de la valeur en litige, nécessaire à connaître pour régler la compétence ?

S'il s'agit d'une somme d'argent ou d'une quantité de denrées dont la valeur est appréciable par mercuriales, pas de difficulté ; il n'y en a pas non plus pour les actions immobilières, quand le taux du revenu est établi par rente ou par bail. Mais si l'action porte sur des objets mobiliers d'une valeur indéterminée, que doit-on faire ? Boitard pense que, malgré le silence absolu de la loi, on doit déterminer cette valeur, soit par le consentement ou la déclaration commune des parties, soit par une expertise régulière, sauf, dans ce dernier cas, l'appel sur l'estimation de la chose, et non sur le fond du procès ; nous nous rangeons à son opinion. Quant aux immeubles, la loi ordonne formellement que le revenu en soit attesté par rente ou prix de bail ; dans le cas contraire, la valeur est indéterminée, et dès lors, aucune expertise, aucune estimation n'est plus possible ;

on retombe dans la règle générale, d'après laquelle toute cause, toute affaire, doit passer successivement par les deux degrés de juridiction.

En matière civile, ce n'est pas le montant de la condamnation, mais le montant de la demande, qui détermine la limite du premier et du dernier ressort. En effet, si j'ai demandé 4,000 francs contre Paul, et que le tribunal me les refuse absolument, il est certain que j'ai le droit d'appeler. Comment n'en serait-il pas de même si le tribunal, au lieu de rejeter absolument ma demande, m'accordait une somme inférieure à 1500 francs ? Il est clair que dans les deux cas la solution doit être semblable, et pour la même raison : l'affaire, le débat, l'intérêt dont on avait saisi la justice, était supérieur à 1500 francs.

Mais de ce qu'on doit s'attacher à l'exploit originaire et non au jugement, il ne faut pas en conclure qu'on ne doive jamais tenir compte que de la première demande. Si, après avoir primitivement réclamé une somme moindre de 1500 francs, j'ai ajouté des demandes incidentes, des conclusions additionnelles qui ont élevé au-dessus du taux fixé la valeur des intérêts en litige, il est clair que la cause, dont la connaissance appartenait d'abord en premier et dernier ressort au tribunal d'arrondissement, a pris, dans le cours de l'instance, une valeur qui la fait sortir des limites déterminées par la loi pour ce dernier ressort et la rend susceptible d'appel. De même, en sens contraire, mon procès peut avoir été, par le chiffre de ma première demande, soumis à l'appel, et je puis le faire rentrer dans la catégorie des actions de premier et dernier ressort, en réduisant mes conclusions à une somme inférieure à 1500 francs.

Les demandes reconventionnelles que Paul peut opposer à la mienne, doivent-elles concourir à fixer le ressort, comme les demandes additionnelles ? Un grand nombre de personnes soutenaient autrefois l'opinion affirmative, et c'est celle que Boitard a défendue dans son cours. Mais la question a été tranchée d'une manière négative par l'art. 2 de la loi du 11 avril 1838 pour les tribunaux d'arrondissement, par les art. 7, 8 et 9 de la loi du 25 mai 1838 pour les juges de paix, et par la loi du 4 mars 1840 pour les tribunaux de commerce. Les demandes reconventionnelles ne sont point comptées pour la fixation des degrés de recours.

Ni les frais, ni les intérêts ou les fruits postérieurs au commencement de l'action ne doivent être comptés dans le montant de la demande. Cela ne fait pas l'objet d'un doute. On a hésité davantage sur la question de savoir si les intérêts et fruits antérieurs à la demande, les dommages et intérêts, en un mot, tous les accessoires étaient exclus par le mot *principal*. Mais la loi, relativement aux actions immobilières, ne prenant en considération que le chiffre du revenu, sans s'occuper des accessoires, il est probable que, par analogie, il en doit être de même dans les actions mobilières ; que par conséquent les fruits, dommages et intérêts, etc., ne doivent pas entrer en ligne de compte pour savoir quels sont les degrés de juridiction.

Lorsque plusieurs demandes ont été formées par la même partie dans la même instance, doit-on en prendre la valeur totale pour fixer le taux du dernier ressort ? Pas de difficulté, si ces chefs de demande procèdent d'une source unique, par exemple, si mon père a prêté à Pierre 1500 francs et qu'ensuite cette créance, divisée à sa mort entre ses deux fils, Jacques et moi, s'est réunie sur ma tête. Mais l'incertitude existait pour le cas où les chefs de demande ne procédaient pas d'une même source. La loi du 25 mai 1838 a tranché la question, en décidant, par son article 9, que les demandes diverses, présentées devant le juge de paix, seraient réunies, pour savoir si la valeur totale excède, oui ou non, la compétence des juges de paix.

Il est clair que cette règle doit s'étendre aux tribunaux d'arrondissement.

Si les demandes réunies dans la même instance ont été formées par deux demandeurs, on ne doit pas réunir leur valeur, et chacune reste isolée pour son chiffre. La distinction a lieu de même, quand on poursuit dans la même instance deux défendeurs, à moins que ce ne soient des débiteurs solidaires ou que l'objet de la demande ne soit indivisible.

Pour juger si une sentence est ou n'est pas susceptible d'appel, on ne doit pas s'en tenir à la qualification de premier ou dernier ressort qu'elle a pu recevoir, mais à la nature même de l'affaire. Ainsi, quand une matière de premier ressort est soumise au tribunal d'arrondissement, le tribunal aura beau qualifier son jugement comme en premier et dernier ressort, il sera toujours sujet à l'appel. Et de même, les appels des jugements rendus sur des affaires dont la connaissance en dernier ressort appartient aux premiers juges, mais qu'ils auraient omis de qualifier, ou qualifiés en premier ressort, ne seront pas recevables.

Néanmoins, la fausse qualification d'un jugement n'est pas un motif de cassation.

On pourrait croire d'après cela qu'il ne sert de rien de qualifier un jugement en premier ou en dernier ressort; et pourtant cette qualification a son utilité. D'abord, étant le plus ordinairement exacte, elle indiquera aux parties ce qu'elles ont à faire. Ensuite la qualification fera toujours foi jusqu'à preuve du contraire. Ainsi, dans le cas d'un jugement qualifié comme rendu en dernier ressort, l'appel étant présumé non recevable jusqu'à preuve du contraire, n'aura pas d'effet suspensif, et l'exécution ne pourra être arrêtée que par des défenses du juge d'appel. A l'inverse, le jugement mal à propos qualifié en premier ressort étant présumé susceptible d'appel, l'appel en suspendra l'exécution, à moins que l'exécution provisoire n'ait été obtenue du juge d'appel.

L'incompétence du premier juge est un moyen d'appel, et non un moyen de cassation, même quand la cause était de nature à être jugée en dernier ressort. Si la Cour d'Appel rejette ce moyen, elle n'aura pas à s'occuper du fond, puisque le premier juge a valablement prononcé en dernier ressort. Si, au contraire, l'incompétence est déclarée, la cour aura le choix, ou de statuer sur l'incompétence et sur le fond par la même décision, ou de renvoyer l'affaire au tribunal compétent pour être jugée en premier et dernier ressort.

Nous venons de parler des affaires ordinaires ; il est certaines causes qui demandent rapidité et économie, et dans lesquelles le juge de paix n'est plus un simple magistrat de conciliation, mais bien un juge de première instance, ou même de premier et dernier ressort.

La compétence des juges de paix a été fixée, d'abord par la loi du 24 août 1790, et depuis, d'une manière plus complète, par la loi du 25 mai 1838. Ils jugent sans appel, jusqu'à la valeur de 100 fr., et à charge d'appel, jusqu'au taux de la compétence en dernier ressort des tribunaux d'arrondissement, sur les contestations entre les aubergistes ou les voituriers et les voyageurs; sans appel jusqu'à 100 francs, et, à charge d'appel, pour toute valeur, de certaines causes de nature urgente, ou dont la décision exige une descente préalable sur les lieux de la contestation. Telles sont les actions entre locataire et propriétaire pour le paiement du bail de maison ou de ferme, pour indemnités de toutes sortes, et pour dégradations. Enfin, les juges de paix connaissent, à charge d'appel, des entreprises faites sur les cours d'eau sans autorisation de l'administration, des actions en bornage et de celles qui se rapportent à la distance prescrite pour les plantations d'arbres ou de haies, des actions relatives aux constructions énoncées dans l'article 674 du Code civil, des demandes de pension alimentaire n'excédant pas 150 francs par an.

Le tribunal d'arrondissement remplit à l'égard de la justice de paix, pour toutes les causes de son ressort, le rôle de tribunal d'appel.

Le taux du dernier ressort se calcule, pour les affaires soumises aux juges de paix, de la même manière que pour celles qui sont soumises aux tribunaux d'arrondissement.

§ 2.

I. En règle générale on peut appeler de toute espèce de jugements.

Les jugements définitifs en matière civile sont toujours susceptibles d'appel, sauf les quelques exceptions que nous avons précédemment rapportées. En est-il de même des jugements avant faire droit?

On peut dire en général que l'appel de ces jugements n'est pas admis avant le jugement définitif. C'est ce que proclamait formellement la loi du 3 brumaire an II. Le projet du Code de procédure était rédigé dans ce sens ; mais d'après plusieurs réclamations, élevées dans le sein du Conseil d'État, on établit une distinction.

D'après la loi, il faut donc distinguer si les jugements sont *préparatoires, interlocutoires* ou *provisoires*. La distinction entre ces diverses espèces de jugements, qui n'a été complétement définie que dans le Code de 1806, est surtout importante au point de vue des appels.

On entend par *préparatoires*, les jugements d'avant faire droit et d'instruction qui tendent à mettre la cause en état de recevoir une décision définitive qu'ils ne préjugent pas. Tels sont les jugements par lesquels le tribunal ordonne la jonction de deux instances, une remise de cause ou une communication de pièces.

On donne le nom d'*interlocutoires* [1] aux jugements d'avant faire droit et d'instruction qui tendent aussi à mettre la cause en état, mais en préjugeant d'une manière conditionnelle la décision définitive. Ainsi, le jugement qui ordonne la preuve testimoniale au-dessus de 100 francs est interlocutoire, car il reconnaît que la demande est dans une des exceptions de la loi qui permettent cette preuve. Il en est de même du jugement qui, dans dans une demande en séparation de corps, permet une enquête: c'est indiquer que les faits articulés sont graves et pertinents, et que, s'ils sont prouvés, le tribunal devra prononcer la séparation contre la partie qui en est accusée. Il en est de même du jugement qui déclare que le vendeur est encore dans le délai de 2 ans et l'autorise à prouver par experts la lésion de plus des $^7/_{12}$; c'est préjuger que, si la lésion est prouvée, la vente sera résiliée.

Enfin, sont *provisoires* les jugements qui maintiennent la cause en état en empêchant l'altération de l'objet du procès, ou qui écartent, comme étranger à la cause, un obstacle mis au jugement; du premier genre sont ceux qui fixent une pension

---

[1] La distinction actuelle des jugements *interlocutoires* d'avec les autres jugements *d'avant faire droit* est utile, mais elle n'est fondée ni sur l'acception propre du mot, ni sur le langage des jurisconsultes romains.

alimentaire, qui donnent la possession d'une chose litigieuse et qui accordent un séquestre; au second, ceux qui rejettent soit la demande de caution formée contre un étranger, soit une exception d'incompétence ou de nullité.

Le jugement provisoire étant tout à fait indépendant, on peut toujours en appeler immédiatement : sauf, s'il y a lieu à son exécution provisoire.

Pour les jugements préparatoires, on ne peut interjeter appel qu'après le jugement définitif, et conjointement avec l'appel de ce jugement, tandis que les jugements interlocutoires peuvent être immédiatement attaqués par la voie de l'appel.

La disposition de la loi à ce sujet, et la distinction qu'elle établit, sont d'une grande importance pour la question de savoir si l'ancienne maxime, que *l'interlocutoire ne lie point le juge*, est encore aujourd'hui admise dans notre droit. Cette maxime avait été proclamée dans un temps où les mots *interlocutoire* et *préparatoire* n'étaient pas encore distincts et n'indiquaient pas deux sortes de jugements; il est donc probable qu'elle ne s'est jamais appliquée aux jugements interlocutoires tels que nous les entendons aujourd'hui, mais plutôt à nos jugements préparatoires. Du reste, quel qu'en ait été l'ancien sens, il est certain qu'aujourd'hui cette maxime n'existe plus dans le droit français. La possibilité d'appel immédiat de ces jugements le prouve d'une manière évidente ; car si l'interlocutoire, comme tout jugement, ne dessaisissait pas le juge du point sur lequel il a été statué, à quoi servirait cette faculté d'appel à la juridiction supérieure, puisque le tribunal pourrait se réformer lui-même? Il faut donc dire, contrairement à l'ancien principe, que, dans le droit moderne, l'*interlocutoire lie le juge ;* qu'ainsi, lorsqu'en vertu d'un jugement interlocutoire, il aura été procédé à la preuve testimoniale, à la vérification d'écritures, à la délation de serment, le même tribunal ne pourra se contredire et prétendre qu'il n'y avait pas lieu à cette preuve, à cette vérification, à cette délation.

L'appel d'un jugement préparatoire ne pouvant être interjeté que conjointement avec l'appel du jugement définitif, il est tout simple que le délai d'appel ne coure qu'à partir de la signification du jugement définitif, et que l'appel soit recevable, bien que le jugement préparatoire ait été exécuté sans réserves. Pour le jugement interlocutoire, doit-il en être de même, ou, l'appel pouvant être interjeté immédiatement, ne doit-on pas plutôt faire courir le délai, conformément à la règle générale, du jour de la signification de ce jugement? Beaucoup de personnes suivent la première opinion ; mais nous croyons, avec Boitard, que le texte du § 2 de l'art. 451 du C. pr. est positif, et que

la seule interprétation conforme à son esprit et à
sa lettre consiste à faire courir le délai d'appel à
partir de la signification de l'interlocutoire, et à
déclarer inapplicable à ces jugements la disposition du § 1 du même article, que l'exécution sans
réserves ne fait pas obstacle à l'appel du jugement
préparatoire.

II. Dans l'ancien droit français régnait la maxime
contumax non appellat, qui s'opposait à ce que la
partie qui avait perdu par sa faute la voie de l'opposition, pût ensuite appeler. La loi du 24 août
1790 confirma solennellement cette règle pour les
sentences des juges de paix, et elle fut tacitement
maintenue pour celles des tribunaux de districts
par l'addition des mots *jugements contradictoires*
dans la discussion à l'art. 14 du titre V. Le Code
de 1806 a supprimé cette disposition. On a permis
au défaillant qui a négligé la voie ordinaire de
l'opposition et n'est pas venu dans les délais pres-
crits demander au tribunal la rétractation du jugement par défaut, de demander, par la voie de
l'appel, à la Cour impériale la réparation de l'erreur des premiers juges. En un mot, d'après l'article 455 du C. pr., après les délais d'opposition,
l'appel pourra être interjeté, mais il ne pourra l'être
tant qu'on sera encore dans les délais de l'opposition : car l'opposition est considérée par la loi
comme une voie plus simple et plus respectueuse.

§ 3.

I. Le délai pour interjeter appel est de trois mois.

Telle est, du moins, la règle générale. Dans certains cas pourtant, le délai est considérablement réduit; il peut n'être que de 15 jours, ou même de huitaine (C. pr., art. 392 et 377 combinés, 723, 731, 763 et 809).

Le délai ne court pour les jugements contradictoires qu'à dater de la signification à la partie; le jugement simplement prononcé n'est pas réputé suffisamment connu de la partie condamnée.

En général, pour l'exécution d'un jugement, il faut qu'il soit signifié, d'abord à l'avoué de la partie condamnée, ensuite à la partie elle-même, en mentionnant dans cette seconde signification la première. Et même, par exception, pour les jugements d'instruction, la signification à avoué suffit. Au contraire, pour faire courir le délai d'appel, il suffit de signifier à la partie sans signifier à l'avoué; car c'est elle qui doit prendre sa résolution et qui, par conséquent, a besoin d'être prévenue.

Dans quelques cas très-rares, le délai d'appel commence à courir de la prononciation du jugement, sans aucune signification préalable, ni à la partie, ni à son avoué. Tel est le cas de l'art. 392 du C. pr.

Celui-là même qui a signifié le jugement peut, dans les trois mois de la signification, en interjeter appel, s'il a fait ses réserves à ce sujet. S'il n'en a pas fait, il n'a plus que le droit d'appeler inci- demment, c'est-à-dire d'attaquer certains chefs du jugement si l'autre partie faisait appel.

Pour les jugements par défaut, l'appel n'étant possible qu'à partir du moment où l'opposition n'est plus admise, le délai ne commence à courir que du jour où l'opposition n'est plus recevable. Or, dans le cas de défaut contre avoué, l'opposi- tion n'est plus recevable huit jours après la signi- fication du jugement à l'avoué. Ici, pour avoir le droit d'appeler après le terme de l'opposition, la partie n'a pas besoin d'une autre signification que celle faite à l'avoué; par conséquent, dans cette circonstance, les délais ne courent pas de signi- fication à la partie, mais de l'expiration de la huitaine. Quant aux jugements par défaut contre partie, l'opposition n'est plus recevable après l'exécution, par conséquent les délais en partent; mais pour l'exécution, la signification à l'avoué et à la partie sont absolument nécessaires.

La partie qui a signifié avec réserves n'est plus, au bout de trois mois, recevable à interjeter appel principal; mais, qu'elle ait fait ou non des réserves, pourvu qu'elle n'ait pas conclu au maintien du jugement, elle peut interjeter appel incident en tout état de cause : car elle ne saurait être à la merci de son adversaire qui, pour l'empêcher de former son appel incident, appellerait le dernier jour du délai.

La signification du jugement doit être considérée comme une simple offre, un acquiescement conditionnel, par lequel je signifie à la partie que je consens à tenir le jugement pour bon, mais à condition qu'elle-même consentira à s'y soumettre. Au bout de trois mois, la partie interjette son appel, c'est-à-dire m'avertit qu'elle n'accepte pas le jugement. Tout est donc rompu par le fait de l'appel. De là il faut conclure que celui qui a signifié sans réserves un jugement contenant plusieurs chefs sans rapport l'un avec l'autre, lorsque la partie condamnée forme son appel principal sur un seul des chefs, peut interjeter appel incident sur la totalité de la demande.

Les délais fixés par la loi emportent déchéance pour la partie qui n'a pas appelé dans ces délais.

Cette déchéance peut-elle être couverte par le silence de l'intimé, ou doit-elle être prononcée d'office? La loi du 24 août 1790 l'ordonnait, et le Code de 1806 n'a pas modifié son esprit sur ce point. Il est vrai que la prescription n'est pas appliquée d'office; mais c'est un moyen laissé à la conscience de la partie. La péremption est dans le même cas et quelques personnes en ont conclu dans le même sens pour la déchéance de l'appel. Mais, pour la péremption la loi a pu se montrer facile, ne pas la faire encourir de droit, ne pas l'appliquer d'office, permettre qu'elle soit couverte, parce qu'elle n'éteint pas l'action. Il en doit être tout autrement de la déchéance de l'appel qui éteint l'action et n'est nulle part qualifiée de péremption.

Les délais courent contre toutes parties, mineurs, interdits, personnes morales; sauf, en cas de faute, le recours contre qui de droit. Mais, afin de sauvegarder les intérêts du mineur non émancipé, les délais ne courent contre lui que de la signification du jugement, tant au tuteur qu'au subrogé-tuteur. Ce dernier n'a pas qualité pour interjeter appel, mais seulement pour surveiller les intérêts du mineur.

Pour les personnes domiciliées en France, les délais d'appel sont prolongés, dans la proportion fixée par l'art. 73 du C. pr. à l'égard des ajournements. Ils sont aussi prolongés d'un an en faveur des personnes absentes pour service public.

La mort de la partie condamnée suspend les délais d'appel. Ils ne reprennent qu'après la signification du jugement faite aux héritiers collectivement au domicile du défunt, et à compter de l'expiration des délais pour faire inventaire et délibérer. La loi renferme ici un renvoi à l'art. 61 du C. pr., impossible à expliquer si on n'admet pas une erreur, et si on ne substitue pas la mention de l'art. 68 qui traite des formalités des significations à domicile.

Si le jugement du tribunal a été rendu sur une pièce fausse, ou si une pièce essentielle était retenue par l'adversaire, les délais ne courront que du jour où le faux aura été reconnu par l'adversaire ou juridiquement constaté, où la pièce aura été recouvrée; pourvu que, dans ce dernier cas, il y ait preuve par écrit du jour du recouvrement.

L'appel d'un jugement non exécutoire par provision n'est pas reçu dans la huitaine de sa prononciation; il doit être déclaré d'office non recevable, mais sans que cela emporte déchéance.

De là il résulte que l'exécution du jugement doit être aussi suspendue pendant huit jours.

Quant aux jugements exécutoires par provision, l'appel en est recevable immédiatement, soit pour rendre l'adversaire plus circonspect à user de son droit, soit pour arriver plus tôt à l'arrêt qui réformera le jugement et arrêtera les poursuites.

II. L'appel étant le début d'une nouvelle instance, doit être interjeté, à peine de nullité, par une assignation à personne ou à domicile. Les formes ordonnées par l'art. 61 C. pr. pour les ajournements, doivent être observées dans cette assignation. Cependant l'exposé des moyens d'appel n'est pas nécessaire dans cette assignation comme l'exposé des moyens de la demande dans l'ajournement. En effet, en première instance, le défendeur ne connaît pas la demande, et au contraire, en appel, l'intimé est déjà au courant de l'affaire. Il ne sera donc exposé à aucune surprise; d'autant plus que l'appelant parlera le premier en signifiant ses griefs dans la huitaine de la constitution d'avoué par l'intimé.

III. Examinons maintenant les effets de l'appel.

La différence qui le distingue du pourvoi en cassation, est d'être dévolutif, c'est-à-dire de remettre en question, devant les juges supérieurs, les points attaqués par l'appel et dont la connaissance est dévolue au tribunal d'appel.

C'est là le premier caractère de l'appel. Le second est d'avoir un effet suspensif, à moins que l'exécution provisoire du jugement n'ait été autorisée ou ordonnée.

Les actes d'exécution faits malgré l'appel, qu'il soit bien ou mal fondé, seront nuls, quand même le jugement serait confirmé, car la confirmation ne saurait avoir d'effet rétroactif. Mais il en est de l'appel comme de l'opposition : s'il a été irrégulier ou interjeté après les délais légaux, la nullité des actes d'exécution ne doit pas être prononcée.

Il y a quelques cas dans lesquels l'appel cesse

d'être suspensif, et où l'exécution prononcée peut avoir lieu malgré l'appel.

1o Dans le silence même du jugement, quand la loi attache cet effet à la seule nature du jugement. C'est le cas des jugements des tribunaux de commerce; nous y reviendrons plus loin.

2° Quand les juges, sur l'ordre formel de la loi, ont prononcé l'exécution provisoire. Par exemple, s'il y a titre authentique, promesse reconnue, ou condamnation précédente par un jugement dont il n'y ait point d'appel.

3o Lorsqu'ils ont permis cette exécution, ayant la faculté de la prononcer ou de ne pas l. prononcer, comme dans le cas du § 2 de l'art. 135 du C. pr. C'est à ces derniers cas que s'applique le § 1 de l'art. 157 du même Code.

Relativement à l'exécution provisoire, deux hypothèses contraires peuvent se présenter : dans l'une les premiers juges ont eu tort de prononcer l'exécution provisoire ; dans l'autre ils l'ont omise mal à propos.

Dans la première hypothèse, l'exécution provisoire ayant été ordonnée à tort, ou le jugement ayant été faussement qualifié en dernier ressort, l'appelant, pour arrêter l'exécution qui a lieu nonobstant appel, doit obtenir des défenses à l'audience du tribunal qui reçoit l'appel, sur une assignation donnée à bref délai, en vertu d'une ordonnance du président. Autrement, et dans aucun autre cas, l'exécution ne pourrait être arrêtée, à peine de déchéance.

Dans la seconde hypothèse, on a omis à tort en première instance de prononcer l'exécution provisoire, le jugement n'a pas été qualifié, ou bien encore on l'a faussement qualifié en premier ressort, tandis qu'il est en dernier ressort. L'intimé dont les poursuites sont suspendues par l'appel, peut, sur un simple acte, avant la nouvelle sentence, faire ordonner l'exécution provisoire à l'audience du tribunal d'appel.

IV. Tout appel, même des jugements rendus sur instruction par écrit, est porté à l'audience, sauf à ordonner l'instruction par écrit, mais seulement dans le cas où l'instruction verbale serait reconnue insuffisante.

Dans la huitaine de la constitution d'avoué par l'intimé, ainsi que nous l'avons dit tout à l'heure, l'appelant doit signifier ses griefs contre le jugement. L'intimé répond dans la huitaine suivante, et l'audience est suivie sans autre procédure.

En première instance, on peut suivre l'audience sans aucune signification de défense et de réponse (C. pr. art. 79). Il en est de même en appel pour l'intimé, et même l'appelant peut suivre l'audience sans signifier ses griefs, quand la première discussion les a fait prévoir.

En appel comme en première instance, les affaires sommaires sont jugées à l'audience, sur simple acte, sans autre procédure. Et les écritures qui seront faites n'entreront pas en taxe, n'étant pas nécessaires.

On suit la même marche dans les affaires civiles ordinaires quand l'intimé n'a pas constitué d'avoué d'appel, sauf à vérifier avec attention les conclusions de l'appelant. En effet, il n'en est pas du défaut en appel comme du défaut en première instance. Dans le dernier cas, la présomption est contre le défendeur défaillant qui n'ose pas soutenir son droit. En cas d'appel, au contraire, la présomption est toujours en faveur de l'intimé, même défaillant : car il a déjà gagné en première instance.

V. On peut en appel faire valoir toute espèce de moyens nouveaux à l'appui de ses prétentions primitives, soit des moyens de fait, qui n'avaient pas été soumis aux premiers juges, soit des moyens de droit, que les juges auraient pu suppléer d'office, soit même des moyens qu'ils n'auraient pu suppléer d'office, comme la prescription. Mais on ne peut former aucune demande nouvelle, car il ne peut pas dépendre d'une partie de priver son adversaire du bénéfice des deux degrés de juridiction.

Cependant la loi admet deux exceptions à cette règle :

1° Le défendeur originaire peut former en appel une nouvelle demande, s'il s'agit de compensation. La compensation pourrait bien, en effet, être la matière d'une demande séparée, mais elle est non-seulement considérée comme demande, mais surtout comme moyen de défense. En outre, on a par là l'avantage de trancher d'un seul coup deux procès sur la même décision. Dès lors, si on admet la demande en compensation, le tribunal d'appel pourra prononcer, non-seulement la compensation, mais encore condamner au surplus. La loi ne distingue pas, en effet, si la demande en compensation est inférieure, égale ou supérieure à la demande principale, et il serait difficile et dangereux de scinder la demande nouvelle.

Par extension, on admet que le défendeur originaire peut former toute espèce de demande nouvelle, qui n'est que la défense de l'action principale.

2° Le demandeur originaire appelant ou intimé peut demander tous les accessoires échus depuis le jugement dont appel, ainsi que les dommages et intérêts.

Dans les deux cas d'exception que nous venons d'exposer, les nouvelles demandes et les exceptions du défendeur sont formées par simples actes de conclusions motivées. Il en est de même dans les cas où les parties voudraient changer ou modifier leurs conclusions. Toute écriture qui sera la répétition des anciens moyens, n'étant pas nécessaire, ne passera pas en taxe. Pour les pièces qui contiendront à la fois les anciens et les nouveaux moyens, on ne comptera que la partie qui contient les nouveaux.

D'après la règle qu'aucune nouvelle demande ne peut être formée en appel, l'intervention n'y est pas reçue, si ce n'est de la part de ceux qui ont droit de former tierce opposition (V. section II).

VI. La péremption de l'instance d'appel donne au jugement force de chose jugée, en rendant l'appelant non recevable à renouveler son appel, non-seulement quand le jugement lui a été signifié et que les trois mois ont couru, mais même lorsqu'il a laissé périmer un appel qu'il avait interjeté sans attendre la signification qui n'a pas été faite.

C'est là la seule manière de concilier les art. 443 et 469 C. pr.

VII. L'appelant peut toujours se désister de son appel.

Dans ce cas, il n'a à payer que les frais; mais, s'il persiste et s'il succombe, il doit être condamné à une amende de 5 fr. pour appel de la sentence d'un juge de paix, et de 10 fr. pour appel de celle d'un tribunal d'arrondissement ou d'un tribunal de commerce.

La consignation préalable de cette amende par

l'avoué de l'appelant, est exigée sous peine de 5oo fr. d'amende contre le greffier qui délivrerait un acte d'appel sans cette consignation. Cependant, le défaut de consignation n'est pas un obstacle à ce que l'appel soit reçu.

VIII. Si, dans la Cour, lors du jugement de l'appel, il se forme plus de deux opinions, les juges les plus faibles en nombre sont tenus de se réunir à l'une des deux opinions qui ont été émises par le plus grand nombre. Mais cela ne doit évidemment avoir lieu, comme en première instance, qu'après la seconde collecte de voix. Supposons, par exemple, trois opinions que nous désignerons par A, B, C; il y a trois voix pour A, trois pour B, une pour C; cette dernière est tenue de se déclarer pour A ou pour B.

Mais lorsque la réunion de la minorité à une des majorités relatives, ne peut donner à aucune de celles-ci la majorité absolue, il y a lieu de déclarer le partage. Pour cette espèce, il faut supposer quatre opinions, A, B, C, D, qui se partagent ainsi : A, deux voix; B, deux voix; C, deux voix; D, une voix.

Dans le cas de partage, on appelle pour le vider un ou plusieurs juges qui n'ont pas connu de l'affaire, en suivant l'ordre du tableau. On les appelle en nombre pair ou impair, de façon à produire ou à conserver le nombre total impair qui rend le partage plus difficile. L'affaire doit être de nouveau plaidée ou rapportée. Si tous les juges ont connu de l'affaire, on appelle trois anciens jurisconsultes.

Toutes les autres dispositions sur la manière de rendre la sentence, relatives aux tribunaux de première instance, s'appliquent aux tribunaux d'appel.

IX. Si le jugement est confirmé, l'exécution appartient au tribunal dont est appel, à moins qu'il ne soit incompétent pour connaître de cette exécution, auquel cas elle appartient au tribunal compétent.

Si le jugement est infirmé, l'exécution de l'arrêt appartient à la Cour ou au tribunal qu'elle indique, tribunal qui doit être autre que celui dont le jugement est réformé, pour éviter toute partialité de la part des premiers juges et toute défiance du côté des parties.

Cependant, si des tiers se trouvent intéressés dans les questions d'exécution, le nouveau procès doit être porté au tribunal naturellement compétent.

La Cour est également incompétente pour les cas où la loi attribue la juridiction; ainsi pour le cas d'emprisonnement, la compétence appartient, tantôt au tribunal qu. . jugé, tantôt à celui du lieu de l'arrestation; pour celui d'expropriation forcée, elle appartient au tribunal de la situation de l'immeuble.

S'il s'agit d'un jugement interlocutoire, le tribunal d'appel, qui peut, en infirmant ce jugement, se dispenser d'examiner le fond, peut aussi le décider avec l'interlocutoire, par un seul et même jugement, si le fond est en état de recevoir une solution définitive. L'affaire, il est vrai, ne subit alors l'épreuve que d'un seul degré de juridiction, mais on évite ainsi bien des lenteurs et des frais.

Il en est de même, lorsqu'il s'agit d'infirmer un jugement définitif, soit pour vice de forme, soit pour toute autre cause qui ne tient pas au fond, comme pour péremption, incompétence ou nullité.

PROCÉDURE D'APPEL DANS LES AFFAIRES DE COMMERCE.

(Code de Commerce, liv. IV, tit. 4, art. 615-618).

La législation commerciale n'est qu'une extension sur certains points, et sur d'autres une dérogation des lois civiles, tendant toujours à obtenir célérité et économie, les deux conditions les plus essentielles des affaires du commerce. Les modifications apportées aux règles pour la procédure d'appel des tribunaux de commerce sont toutes dans ce sens.

Les cours impériales connaissent des appels commerciaux aussi bien que des appels civils.

Tout jugement d'un tribunal de commerce est immédiatement exécutoire par provision, malgré l'appel ; la Cour devant laquelle est porté l'appel, ne peut, en aucun cas, à peine de nullité et même des dommages et intérêts des parties, accorder des défenses, ni surseoir à l'exécution du jugement, même quand on accuserait d'incompétence le tribunal de la première instance. Mais elle peut, d'après l'exigence des cas, accorder la permission de citer extraordinairement à jour et heure fixes pour plaider sur l'appel.

De cette règle en découle une autre. Le jugement du tribunal de commerce étant immédiatement exécutoire par provision, on ne force pas, comme dans les affaires civiles, la partie condamnée à attendre huit jours après la signification. L'appel, en matière commerciale, peut être interjeté le jour même du jugement.

Les appels des jugements des tribunaux de commerce doivent être instruits et jugés comme les appels des jugements rendus en matière sommaire.

Toutes les autres règles sont conformes, dans la justice commerciale et dans la justice civile. Les délais de déchéance de l'appel sont les mêmes.

PROCÉDURE D'APPEL DEVANT LES TRIBUNAUX DE POLICE.

(Code d'Instruction criminelle, liv. II, tit. I, art. 172-177; 199-216.)

Les jugements des Cours d'Assises ne sont pas susceptibles d'appel, d'après l'art. 360 du C. i. c.

Ils ne peuvent être attaqués que pour violation de la loi par les voies de cassation. L'appel n'est admis en matière de crimes et délits que pour les jugements des tribunaux de simple police et des tribunaux correctionnels. Nous examinerons l'un après l'autre ces deux appels.

§ 1.

Les tribunaux de simple police jugent en premier et dernier ressort jusqu'à concurrence de la somme de 5 francs en amendes, restitutions et autres réparations civiles outre les dépens. Au delà, et quand ils prononcent un emprisonnement, leurs jugements sont sujets à l'appel.

Cet appel est porté au tribunal correctionnel.

Il doit être interjeté dans les dix jours de la signification de la sentence. Il doit être suivi et jugé dans la même forme que les appels des juges de paix.

L'appel a un effet suspensif.

Les témoins peuvent être entendus de nouveau en appel, et même on pourra en entendre d'autres, si le procureur impérial ou une des parties le requiert.

Les dispositions des art. 152-155 et 162-164 C. i. c., relatives à la solennité de l'instruction, à la nature des preuves, à la forme, à l'authenticité et à la signature des jugements de police, s'appliquent également aux jugements rendus sur l'appel qui en est fait.

Le ministère public et les parties peuvent, s'il y a lieu, se pourvoir en cassation pour violation de la loi contre les jugements rendus en premier et dernier ressort par le tribunal de simple police, ou contre les jugements du tribunal correctionnel rendus sur l'appel des jugements de police.

§ 2.

Les appels des jugements de police correctionnelle sont portés des tribunaux d'arrondissement au tribunal du chef-lieu de département ; ceux de ce tribunal à celui du chef-lieu le plus voisin dans le ressort de la même Cour. Dans le département où la Cour impériale siége, c'est à elle que sont portés les appels de police correctionnelle des tribunaux d'arrondissement et du tribunal du chef-lieu du département le plus voisin.

La faculté d'appeler appartient aux parties prévenues ou responsables, à la partie civile, à l'administration forestière ; *a minima*, au procureur impérial près le tribunal de première instance et à celui de la Cour d'Appel.

Le délai pour appeler est de 10 jours après le prononcé du jugement, pour les sentences contradictoires, et de 10 jours après la signification, pour les jugements par défaut. Pour le ministère public, le délai est beaucoup plus long; il est de deux mois.

La mise en liberté du prévenu acquitté ne peut plus être suspendue, quand même la partie condamnée ne déclare, et ne notifie son appel, qu'après les trois jours de la prononciation du jugement.

La requête contenant les moyens d'appel doit être remise dans le délai des 10 jours, au greffe du tribunal qui a rendu le jugement. Elle est signée de l'appelant, d'un avoué, ou de tout autre fondé de pouvoir spécial et authentique. Dans ce dernier cas, le pouvoir doit être annexé à la requête.

La requête, une fois remise au greffe, est envoyée avec les pièces, dans les 24 heures, par le procureur impérial, au greffe de la Cour ou du Tribunal qui doit juger l'affaire. Si le condamné est en état d'arrestation, il doit être transféré, dans le même délai, dans la maison d'arrêt du lieu où l'appel est porté.

L'appel est jugé à l'audience, dans le mois, sur un rapport fait par un des juges. A la suite du rapport, et avant que les juges n'émettent leur opinion, le prévenu, les personnes civiles responsables du délit, la partie civile et le procureur impérial, sont entendus dans la forme prescrite, pour les jugements en premier ressort des tribunaux correctionnels, par l'art. 190 C. i. c.

Les mêmes dispositions pour la solennité de l'instruction, la nature des preuves, la forme, l'authenticité et la signature du jugement, la condamnation aux frais, prescrites par le Code pour la première instance, s'appliquent également à l'appel.

Le premier jugement peut être confirmé : alors pas de difficulté. Mais s'il est mis à néant, plusieurs hypothèses peuvent se présenter. Il est réformé parce que le fait n'est réputé ni délit, ni contravention de police; dans ce cas, la Cour ou le Tribunal renvoie le prévenu, et statue, s'il y a lieu, sur ses dommages et intérêts. Il est émendé, parce qu'il ne s'agit que d'une contravention de police; si la partie publique et la partie civile n'ont pas demandé le renvoi, le tribunal d'appel prononce la peine, et statue également, s'il y a lieu, sur les dommages et intérêts. Il est annulé parce que le fait constitue un crime de nature à mériter une peine afflictive ou infamante : le tribunal d'appel décerne le mandat de dépôt et même le mandat d'arrêt, et renvoie le prévenu devant la juridiction compétente; pourvu que ce ne soit pas celle qui a rendu le jugement ou fait l'instruction. Enfin il est annulé pour violation ou omission de formes prescrites par la loi à peine de nullité : dans ce cas, le tribunal d'appel statue sur le fond.

La partie civile, le prévenu, la partie publique,

les personnes civilement responsables du délit peuvent se pourvoir en cassation contre le jugement.

Les jugements rendus par défaut sur l'appel des tribunaux correctionnels peuvent être attaqués par la voie de l'opposition, dans la même forme et les mêmes délais que les jugements par défaut rendus par les tribunaux correctionnels, c'est-à-dire dans les cinq jours de la signification.

L'opposition emporte de droit citation à la première audience, et est tenue pour non avenue, si l'opposant ne s'y présente pas. Le jugement qui intervient sur l'opposition peut être attaqué, même par la partie qui l'a formée, devant la Cour de cassation.

PROCÉDURE D'APPEL DANS LA JURIDICTION ADMINISTRATIVE.

(Constitution de l'an VIII, art. 52. — Loi du 28 pluviôse an VIII. — Décret réglementaire du 25 janvier 1852. — Loi du 22 juin 1833, art. 51-53).

Nous traiterons rapidement cette matière, voyant d'abord quelles sont les juridictions d'appel en matière administrative, ensuite quelles sont les formes de la procédure devant ces juridictions et les différences qu'elle offre avec la procédure ordonnée par la législation civile.

§ 1.

En matière administrative, il n'y a pas de limitation du nombre des degrés de juridiction.

Le conseil de préfecture, créé par la Constitution de l'an VIII, et la loi du 28 pluviôse de la même année, pour être le tribunal de droit commun en matière de contentieux administratif, est un tribunal distinct de l'administration active, d'après le grand principe énoncé par l'article 13 du titre XI de la loi du 24 août 1790, ainsi que l'établit formellement un décret rendu au contentieux le 6 décembre 1813 par Napoléon et inséré au Bulletin des Lois : « Considérant que, d'après la loi du 28 pluviôse an VIII, » le Préfet prononce sur des matières administrati- » ves...., et que les conseils de préfecture sont in- » stitués pour prononcer sur toutes les matières de » contentieux administratif, etc. » Il est juge d'appel obligatoire pour les arrêtés provisoires rendus par les maires sur les contestations entre les employés des contributions indirectes et les débitants de boissons spiritueuses, relativement à l'exactitude de la déclaration des prix de vente.

Les jugements du conseil de préfecture sont toujours susceptibles d'appel ; dans un seul cas ils sont en dernier ressort. C'est lorsque le conseil statue sur le recours contre les décisions du conseil municipal, qui déterminent, soit les travaux d'assainissement des habitations, soit les lieux et les délais d'exécution de ces travaux, soit les habitations non susceptibles d'être assainies. L'appel est porté au Conseil d'État.

Le Préfet a aussi des attributions de juge administratif qu'il exerce seul, sans son conseil, d'après la loi du 20 avril 1810, le décret du 5 octobre 1810, l'ordonnance du 11 juillet 1817, et la loi du 27 avril 1838, ou avec son conseil lorsqu'il s'agit des difficultés avec les fermiers de l'octroi des villes. Dans ces deux cas, le recours contre ses arrêtés comme juge est porté au ministre. La filière hiérarchique doit être respectée dans cet appel, à moins que la décision du Préfet ne soit entachée d'incompétence ou d'excès de pouvoir, ou que le texte qui attribue spécialement juridiction contentieuse au Préfet, ne porte que le recours ira directement au Conseil d'État.

Le ministre est en effet maintenant, d'après le système établi par la jurisprudence du Conseil d'État, système formellement contraire au principe de la loi du 24 août 1790 et de l'art. 52 de la Constitution de l'an VIII, le juge de droit commun en matière administrative. Il reçoit en outre les appels des arrêtés de justice des sous-préfets et préfets, à moins de textes formellement contraires.

Toutes ses décisions judiciaires sont susceptibles de recours devant le Conseil d'État.

Ce conseil forme le dernier degré de la juridiction administrative, et juge les appels des décisions des conseils de préfecture, préfets et ministres. Il n'est pas exact de traiter le Conseil d'Etat de dernier degré de juridiction ; en principe, en effet, c'est l'empereur lui-même, suivant la tradition romaine, qui juge par décret rendu au contentieux, le Conseil d'État entendu. Mais en fait, c'est le Conseil d'État qui juge, et le décret ne fait qu'homologuer et donner force à sa décision.

Les jugements du Conseil d'État ne sont attaquables que par l'opposition, la tierce opposition et la requête civile.

§ 2.

Nous comparerons les dispositions des lois et de la jurisprudence administratives pour l'appel, à celles du Code de procédure :

JUSTICE CIVILE.	JUSTICE ADMINISTRATIVE.
Le délai pour l'appel est de trois mois après la signification du jugement.	Même règle. — Pour la notification, il suffit d'un simple avis administratif. La jurisprudence est ici très-large et considère comme suffisante l'insertion au

JUSTICE CIVILE.

JUSTICE ADMINISTRATIVE.

Bulletin ou la connaissance de fait que la partie avait de l'acte.

L'appel incident peut être formé en tout état de cause.

Cette règle a été rejetée par la jurisprudence du Conseil d'État, comme tendant à compliquer les procès.

Le délai ne court contre les mineurs, qu'après notification au tuteur et au subrogé-tuteur.

En l'absence d'un texte positif, la jurisprudence repousse également cette règle.

Les délais sont prolongés pour les personnes domiciliées hors de France.

Même règle.

Les délais sont suspendus jusqu'à nouvelle notification par la mort de la partie.

Même règle.

On peut appeler des jugements préparatoires.

Même règle.

L'appel est suspensif, excepté en matière sommaire.

L'appel n'est pas suspensif, à moins que le Conseil d'État n'en ordonne autrement. Les affaires administratives sont en effet considérées comme urgentes, et demandent à être jugées sommairement.

Les demandes nouvelles ne sont pas admises en appel.

Même règle.

L'intervention n'est reçue que de la part de ceux qui auraient droit de former tierce opposition.

La jurisprudence du Conseil d'État ne rejette l'intervention que de ceux qui n'ont réellement aucune espèce d'intérêt dans l'affaire.

L'exécution du jugement réformé est renvoyée à un tribunal

Le Conseil renvoie à l'autorité même de qui on a appelé. Ce

JUSTICE CIVILE.	JUSTICE ADMINISTRATIVE.
autre que celui qui a connu de l'affaire en première instance.	renvoi, dit-on, n'offre pas d'inconvénient, à cause de la subordination administrative.
Les Cours impériales ont le droit d'évoquer les causes d'appel.	Le Conseil fait un fréquent usage de l'évocation.

Toutes les dispositions et formalités de procédure sont les mêmes, pour les appels, que pour les premières instances devant le Conseil d'État.

On adresse une requête, signée par un avocat au Conseil, et déposée au secrétariat. Le dépôt vaut notification aux agents du gouvernement.

La procédure est publique, par avocat.

Le jugement est rendu en forme de décret au contentieux.

Telles sont les dispositions relatives à l'appel porté devant le Conseil d'État. Pour les appels devant les ministres il n'y a aucune forme de tracée : ce serait, dit-on, entraver l'administration. On suit la filière des bureaux, sans intervention d'avocat.

SECTION II.

De la tierce-opposition.

—

TIERCE-OPPOSITION EN MATIÈRE CIVILE.

(Code de procédure, part. I, liv. IV, tit. I, art. 474-479.)

La tierce-opposition est un moyen ouvert par la loi, à une personne qui n'a pas figuré dans une instance, pour attaquer le jugement rendu à la suite de cette instance, en tant que ce jugement porte préjudice à ses droits.

La tierce-opposition donne lieu à une grave difficulté de principe. Comment en effet concilier cette voie de recours fournie par la loi elle-même, avec l'art. 1351 C. C., et l'ancien précepte qu'il consacre : *Res inter alios judicata, aliis neque nocere neque prodesse potest ?*

D'après cette règle, en effet, jamais un tiers ne pourrait être lésé par un jugement auquel il est resté étranger, puisque, pour en décliner l'autorité, il lui suffit d'invoquer l'art. 1351 C. C., en disant qu'il n'a pas été partie au procès. Alors à quoi bon la tierce-opposition ?

Deux opinions diamétralement opposées se sont formées à ce sujet.

L'une dit que la tierce-opposition est toujours facultative, que l'on peut arriver au même résultat, en se bornant à répondre qu'on n'a pas été partie au procès, sauf à l'adversaire à prouver le contraire. S'il en était ainsi, la tierce-opposition serait une procédure sans application : on éviterait de s'en servir, puisqu'en l'employant on perdrait le bénéfice de la compétence du tribunal de son domicile, pour se soumettre à la compétence spéciale établie pour la tierce-opposition ; ce serait ensuite changer son rôle de défendeur où l'on n'a rien à prouver, contre le rôle opposé du demandeur qui a tout àfaire sous ce rapport; enfin ce serait s'exposer à une amende, si l'on succombait.

L'autre prétend que la tierce-opposition est le mode d'exécution forcé de l'art. 1331 C. C., de façon que, pour décliner l'autorité d'un juge, il ne suffit pas de dire que l'on n'a pas été partie au procès, il faut le prouver en prenant la voie de la tierce-opposition. S'il en était ainsi, la tierce-opposition ne serait plus une voie de réformation ; elle ne présenterait qu'une question d'interprétation, celle de savoir si l'on a été, ou non, partie au procès, ce qui serait contraire à la rubrique du livre IV, C. pr., et à l'esprit du titre. Ensuite ce serait rejeter le fardeau de la preuve sur le défendeur, en l'obligeant de prouver qu'il n'a pas été partie au procès, tandis que, d'après les principes généraux, ce doit être au demandeur, ou à celui qui invoque un jugement contre un tiers, à prouver qu'il s'applique à ce tiers. Le défendeur serait encore privé de la compétence du tribunal de son domicile, et exposé à une amende.

Entre ces deux systèmes beaucoup trop exclusifs, il en est un troisième, celui de Boitard, qui nous paraît le plus raisonnable et le mieux fondé. En droit, un jugement ne peut pas être opposé à un tiers et lui nuire ; mais cependant, en fait, l'exécution de ce jugement peut lui porter un grave préjudice ; il a donc intérêt à agir par la tierce-opposition pour arrêter promptement cette exécution. D'après cette manière de voir, la tierce-opposition est bien véritablement une voie de réformation, une opposition qu'un tiers apporte à l'exécution d'un jugement.

Pour pouvoir former tierce-opposition contre un jugement, il faut n'avoir figuré au procès, ni par soi-même, ni par ceux qu'on représente ou par qui on est représenté.

La tierce-opposition principale, formée en dehors de toute instance, est portée par une assignation devant le tribunal qui a rendu le jugement attaqué, parce que ce tribunal est plus à portée de décider si on n'a pas été partie au procès et de réparer le préjudice éprouvé. Quant à la tierce-opposition incidente, formée dans le cours d'un procès, elle est portée par une requête devant le tribunal saisi de l'action principale, à moins que ce tribunal ne soit inférieur à celui qui a rendu le jugement; alors la tierce-opposition est portée devant ce dernier tribunal, parce qu'un tribunal inférieur n'a pas qualité pour réformer le jugement d'un tribunal supérieur.

La conciliation n'est exigée que pour les demandes principales introductives d'instance (C. pr. art. 48) : la tierce-opposition incidente en est donc dispensée, lors même qu'elle est portée par action principale au tribunal qui a rendu le jugement, parce que le tribunal saisi de la demande principale est inférieur au premier.

Quant à la tierce-opposition principale, on peut soutenir qu'elle doit être soumise à la conciliation comme toute demande principale ; mais on peut aussi l'en dispenser, en la considérant comme une demande requérant célérité, et non pas en l'assimilant à l'intervention qui est une demande incidente, puisqu'elle arrive dans le cours d'un procès, tandis que la tierce-opposition principale intervient après la contestation.

Le tribunal saisi de la demande principale de

tierce-opposition peut, selon les circonstances, passer outre ou surseoir, lorsqu'il est obligé de renvoyer la tierce-opposition au tribunal supérieur. S'il a passé outre et qu'il y ait contrariété entre les décisions des deux tribunaux, il y a lieu à pourvoi en cassation.

La question de décider si la tierce-opposition sera suspensive de l'exécution est laissée à la prudence des juges. Cependant lorsqu'il s'agit d'un jugement passé en force de chose jugée, ordonnant le délaissement d'un héritage, afin d'éviter les tierces-oppositions de complaisance qui pourraient survenir, il n'est pas permis aux jugés d'arrêter l'exécution. Mais il faut : 1° que le jugement soit passé en force de chose jugée, parce que si la partie condamnée a encore la voie de l'opposition ou de l'appel, une tierce-opposition simulée ne servirait à rien et n'est pas à craindre; 2° qu'il s'agisse d'un immeuble qui ne peut disparaître.

La loi dit que l'exécution ne préjudicie pas à la tierce-opposition; elle suppose donc que cette voie a un autre but que celui d'arrêter l'exécution, sans quoi on ne concevrait pas son utilité, lorsque, par la volonté de la loi ou des juges, elle n'est pas suspensive. En principe, un débiteur est le représentant de ses créanciers dans les procès qu'il soutient; mais, s'il a agi en fraude de leurs droits, ils ne sont plus considérés comme ayant été représentés et ils peuvent, indépendamment de l'art. 1351, C. c., et de la suspension de l'exécution, avoir intérêt à former tierce-opposition pour faire réformer complétement le jugement en ce qui les concerne.

TIERCE-OPPOSITION EN MATIÈRE ADMINISTRATIVE.

(Réglement du Conseil d'État de 1806, art. 40.)

La tierce-opposition est admise :

1° Contre les décisions des conseils de préfecture.

Elle est recevable pendant 30 ans à partir de la notification. On la porte devant le conseil de préfecture.

2° Contre les décisions des ministres.

3° Contre les jugements du Conseil d'État.

« Lorsqu'une partie, dit le réglement de 1806, » se croira lésée dans ses droits ou sa propriété par » une décision non contentieuse, » elle pourra présenter une requête pour que, sur le rapport fait au chef de l'État, l'affaire soit renvoyée à une autre section ou à la section du contentieux. C'est ce qu'on appelle *recours en rétractation par voie gracieuse*. Il n'y a ni formalités prescrites, ni constitution d'avocat.

Mais d'où vient ce recours ouvert quand il y a

droit lésé et que par suite on a le recours ordinaire au contentieux ? C'est qu'en 1806 la langue administrative n'était pas encore si bien formée qu'aujourd'hui. *Droit* est ici pour *intérêt*. C'est du moins dans ce sens que la jurisprudence du Conseil d'État a toujours appliqué cet article. Une ordonnance de 1833 avait attribué le lit abandonné du Cher au prince de la Tour d'Auvergne. Des communes riveraines se trouvaient avoir par là des intérêts froissés sans avoir de droits précisément lésés; la décision n'était pas régulière. Elles l'attaquèrent par la voie du recours gracieux, et un décret de 1854 leur donna gain de cause.

SECTION III.

De la requête civile.

———

REQUÊTE CIVILE EN MATIÈRE CIVILE.

(Code de procédure, liv. IV, tit. 2, art. 480-501.)

La requête civile est une voie extraordinaire ouverte aux parties pour faire rétracter, en tout ou partie, par le tribunal même qui l'a rendue, une sentence en dernier ressort.

Elle n'est admise que contre les jugements contradictoires en dernier ressort, et les jugements par défaut qui ne sont plus susceptibles d'opposition. On ne l'accorde pas contre les jugements en première instance passés en force de chose jugée, parce que les délais pour appeler étaient beaucoup plus longs que pour former opposition.

Les jugements arbitraux sont compris, pour la requête civile, parmi les jugements en dernier ressort (C. pr., art. 1026). Mais les sentences des

juges de paix, non susceptibles d'appel, ne peuvent donner lieu à la requête civile, à cause de
leur peu d'importance.

La requête civile a lieu :

1° Si le jugement attaqué a été influencé par le
dol personnel de l'adversaire. La simple lésion et
le dol pratiqué par un tiers ne sont point admis.

Le serment décisoire est une véritable transac-
tion entre les parties; il ne peut être attaqué par la
voie de la requête civile. Mais le serment supplé-
toire, déféré par le juge, peut au contraire constituer un dol personnel.

2° Si les formes prescrites à peine de nullité ont
été violées, et si la nullité n'a pas été couverte.

Mais si la violation semble avoir été volontaire
de la part des juges, il y a lieu à recours en cassation : car, dans ce cas, la requête civile serait illusoire.

3° S'il a été accordé ce qui n'était pas demandé,
ou plus qu'il n'était demandé : par exemple, si l'on
a adjugé le prix au lieu de l'objet réclamé, ou bien,
avec le capital, des intérêts qui n'étaient pas de-
mandés.

4° S'il a été omis de prononcer sur un des chefs
de la demande.

5° S'il y a contrariété d'un second jugement en
dernier ressort avec un jugement précédent, soit
rendu en dernier ressort, soit passé en force de
chose jugée, et qu'il s'agisse des mêmes parties,

s'appuyant sur les mêmes moyens, devant les mêmes juges.

Ce cas ne peut se présenter que si le second procès s'agite entre les héritiers des parties, ou entre la partie qui a succombé et les héritiers de l'autre; ou bien, si le tribunal a repoussé l'autorité de son premier jugement. Mais dans l'usage, on n'a pas alors recours à la requête civile, qui suppose méprise des juges; on se pourvoit en cassation pour violation de l'art. 1351, C. c.

6° Si dans le dispositif du jugement il y a des dispositions contraires. Peu importe la contrariété des motifs, pourvu qu'ils ne se détruisent pas l'un par l'autre. Dans ce cas, le jugement ne serait pas motivé, et il y aurait lieu à cassation, et non à requête civile.

7° Si la communication au ministère public n'a pas eu lieu, lorsqu'elle était exigée, et que le jugement ait été rendu contre celui en faveur de qui elle était ordonnée, par exemple contre un incapable. Le Code de procédure ne l'autorise dans ce cas qu'au profit de l'incapable, tandis que l'ordonnance de 1667 admettait les deux parties au même avantage. Mais, si la communication est exigée dans un intérêt d'ordre public, la voie de la requête civile est ouverte à chacune des parties.

8° Si le jugement a été déterminé par des pièces reconnues fausses depuis qu'il a été prononcé, ou par le défaut de pièces décisives retenues par l'adversaire.

9° Enfin, au profit de l'État, des communes, des établissements publics, des mineurs ou interdits :

S'ils n'ont pas été défendus : par exemple, s'ils ont été condamnés par défaut et que l'opposition ait été négligée; si le mineur n'a pas été représenté par son tuteur.

S'ils n'ont pas été défendus valablement : par exemple, si les communes ou les établissements publics n'ont pas été autorisés à plaider dans la forme légale; si le plaideur n'a pas reçu l'autorisation du conseil de famille quand elle était exigée.

On peut faire rétracter le jugement pour un seul chef.

Le délai pour former la requête civile est de trois mois, à partir de la signification du jugement à personne ou à domicile.

Ce délai subit, d'après les circonstances, les mêmes modifications que celui de l'appel.

Il ne court contre le mineur, qu'après la signification qui lui sera faite depuis sa majorité. On a prétendu que cette disposition devait s'étendre à l'interdit, assimilé généralement au mineur par la loi. On disait donc que le délai ne courait qu'à dater de la signification faite, après que l'interdiction avait pris fin. Nous ne partageons pas cette manière de voir. Nous pensons que le législateur

n'a pas pensé à assimiler ici le mineur à l'interdit;
et qu'il n'a pas parlé de ce dernier dans l'art. 484,
C. pr., parce que l'interdiction n'a pas de terme
prévu comme la minorité, et qu'elle peut ne finir
qu'à la mort de l'interdit.

Qu'elle soit principale ou incidente, la requête
civile doit toujours être portée devant le tribunal
qui a rendu le jugement attaqué.

La requête civile se forme par une assignation
contenant la permission d'assigner obtenue du
président, sur requête à lui présentée. Cette permission n'est pas prescrite à peine de nullité; son
omission ne rendrait pas, par conséquent, l'assignation nulle.

La requête civile incidente se forme, tantôt par
assignation, tantôt par requête d'avoué à avoué,
selon que le jugement attaqué n'émane pas, ou
émane du tribunal saisi de la demande principale.
Celui-ci, s'il n'a pas rendu le jugement attaqué,
peut surseoir à la sentence sur la demande principale, jusqu'à ce qu'il ait été statué sur la requête
civile incidente.

Si la requête est formée dans les six mois de la
date du jugement, l'assignation, pour plus de célérité, devra être remise, non point à la partie,
mais au domicile de son avoué qui est présumé
encore nanti des pièces.

Aucune requête civile ne sera reçue, si, avant

de demander au président permission d'assigner, il n'a été préalablement consigné pour amende et dommages et intérêts en cas de condamnation, une certaine somme (300 fr. pour l'amende, et 150 fr. pour les dommages intérêts) ; la quittance sera en tête de la demande, ainsi qu'une consultation de trois anciens avocats, énonçant et approuvant les ouvertures.

La requête civile, comme toutes les voies extraordinaires, n'est pas suspensive de l'exécution. Aucunes défenses ne pourront même être obtenues ; et s'il s'agit du délaissement d'un héritage, comme l'exécution est très-facile et que l'immeuble ne peut disparaître, le demandeur ne pourra plaider la requête civile qu'en rapportant la preuve de l'exécution. Cependant elle sera nécessairement suspendue, quand il s'agira d'un jugement contenant des dispositions contraires : car l'exécuter d'un côté serait le violer de l'autre. Il en sera de même dans le cas de contrariété entre deux jugements.

Toute requête civile devra être communiquée au ministère public. Mais la non-communication ne donne pas lieu à une nouvelle requête civile.

L'instruction est soumise aux règles des procédures ordinaires. Ainsi les plaidoiries doivent être précédées des écritures de défense et de réponse ; et cela, quand même le jugement aurait été rendu en matière sommaire ou dans une de ces affaires qui s'instruisent sans plaidoiries, comme une affaire d'enregistrement qui se juge sur simples mémoires.

Il est défendu d'invoquer des ouvertures qui n'auraient pas été énoncées dans la consultation.

La requête civile n'étant pas proprement une voie de réformation, mais de rétractation, le jugement sur la requête civile ne statue pas sur le fond comme le jugement sur l'appel. Il se borne à rétracter le jugement attaqué, et à mettre les parties au point où elles étaient avant ce jugement. On donne le nom de *rescindant* à l'action qui tend à obtenir cette rétractation, et celui de *rescisoire* à la nouvelle action qui en est la suite.

Si la requête civile est admise, les choses sont remises dans l'état où elles étaient avant le procès; les sommes consignées sont rendues, et les objets de la condamnation rétractée sont restitués.

En principe, dans le rescindant on examine seulement si l'on est dans un des cas de requête civile, sans aborder le fond. Mais le rescindant peut être plus ou moins lié à la question du fond; ainsi, dans le cas de jugement rendu sur pièces fausses ou par suite de la détention de certaines pièces par l'adversaire, il faudra entrer dans le fond, pour savoir si le jugement a été véritablement déterminé par ces pièces ou par leur absence. Cependant, même dans ce cas, en droit, sinon en fait, le fond reste entier après la rétractation.

Dans un seul cas, le rescindant termine la contestation : c'est celui de contrariété entre deux jugements ; le second étant rétracté, le premier suit son effet. Dans le cas de dispositions contraires du même jugement, il n'en est pas de même ; tout le jugement est rétracté.

Le jugement rétracté étant réputé n'avoir jamais existé, le fond sera porté devant le tribunal qui aura statué sur la requête civile. Il n'est plus nécessaire, comme sous le régime de l'ordonnance de 1667, que ce soient les mêmes juges ; mais le Code est revenu en partie à l'ancien système, en renonçant à celui de la loi du 11-18 février 1791, qui, pour éviter toute possibilité de partialité, ordonnait de recourir à un tribunal différent.

On n'est reçu à former une seconde requête civile, ni contre le jugement qu'on a déjà attaqué par cette voie, bien qu'on ait négligé quelque ouverture ; ni contre le rescindant qui, en rejetant la requête civile, pourrait donner lieu à quelques ouvertures ; ni, pour la même raison, contre le rescisoire. Mais le rescindant et le rescisoire peuvent être également attaqués par le pourvoi en cassation.

L'article 503 ne prévoit que le cas où la requête civile est rejetée ; mais que doit-on faire si elle est admise? Quelques personnes soutiennent que le défendeur, n'étant pas compris dans la lettre de l'article, peut former requête civile contre le rescindant qui admet la requête et rétracte le jugement rendu en sa faveur. Mais, en l'absence de texte positif, nous pensons, avec Boitard, que cette opinion est contraire à l'esprit de la loi.

REQUÊTE CIVILE EN MATIÈRE COMMERCIALE.

(Code de procédure, liv. IV, tit. 2, art. 480.)

La voie de la requête civile s'applique aux jugements des Cours impériales rendus sur l'appel des tribunaux de commerce. Que doit-on décider pour les jugements en dernier ressort de ces tribunaux eux-mêmes? Il ne nous semble pas que cette question puisse soulever le moindre doute, et qu'il soit possible d'hésiter à comprendre les tribunaux de commerce dans l'expression générale de *tribunaux de première instance* de l'art. 480, C. pr. Les sentences en dernier ressort de la justice commerciale sont donc susceptibles de requête civile.

Nous avons parlé plus haut, p. 212, des jugements arbitraux. (V. l'art. 1026, C. pr.)

REQUÊTE CIVILE EN MATIÈRE ADMINISTRATIVE.

(Décrets du 22 juillet 1806 et du 30 janvier 1852.)

Dans l'organisation administrative, il n'y a que

les décisions du Conseil d'État qui soient en dernier ressort; elles sont par conséquent seules susceptibles d'être attaquées par la requête civile. Cette voie, dans le langage de l'administration, prend le nom de *recours en révision*.

On l'admet dans trois cas :

1° Si la décision a été rendue sur pièces reconnues fausses depuis;

2° Si la partie a été condamnée, faute de pouvoir représenter une pièce détenue par l'adversaire;

3° Si les formalités protectrices, dont le procès-verbal des séances doit mentionner l'accomplissement, n'ont pas été observées.

Le délai pour ce recours est de trois mois. Les formes sont celles de l'opposition.

THESES

JURIS ROMANI.

I. Reipublicae Romanae temporibus, Collegium tribunorum sententiam judicis, de qua appellatum erat, non emendabat; vetabat tantummodo ne executioni mandaretur.

II. Appellatio a Divo Augusto constituta, potestatis tribunitiae et officii proconsularis in manus principis cumulatione, efficta et quasi conflata est.

III. A Centumvirorum sententiis ad principem appellationis via patebat.

IV. Lex 1, D, *quis a quo app.*, et lex 1, D, *de app.*, conciliari possunt.

V. A Christianis imperatoribus appellationis executionem imminutam magis quam ad normam juris accommodatam reperimus.

QUESTIONS

DE DROIT FRANÇAIS.

I. L'ancienne maxime que l'interlocutoire ne lie
point le juge est-elle encore en vigueur sous
le régime du Code de procédure ? — Non.

II. A dater de quel jour les délais doivent-ils courir pour l'appel des jugements interlocutoires ? — Du jour de la signification.

III. La déchéance de l'appel après les délais doit-
elle être prononcée d'office ? — Oui.

IV. Peut-on concilier l'article 1351 du Code civil
avec l'article 474 du Code de Procédure?
— Oui.

V. La tierce-opposition principale est-elle dispensée de la conciliation? — Oui, comme requérant célérité.

VI. Comment doit-on entendre le mot *droits* dans
l'art. 40 du Réglement du Conseil d'État
de 1806? — Comme synonyme d'*intérêts*.

VII. Doit-on assimiler l'interdit au mineur pour les dispositions de l'art. 484 du Code de procédure? — Non.

VIII. Le défendeur peut-il former une requête civile contre le rescindant qui admet la requête civile? — Non.

Vu par le Président,
E. DE VALROGER.

Vu par le Doyen,
C.-N. PELLAT.

DE L'IMPRIMERIE DE BEAU, A SAINT-GERMAIN-EN-LAYE.